Birgit Theresa Koch ● Frei werden für eine glückliche Partnerschaft

W0412055

Birgit Theresa Koch

# Frei werden für eine glückliche Partnerschaft

## Durch Familienaufstellungen den Seelenpartner finden

Kösel

© 2004 by Kösel-Verlag GmbH & Co., München
Printed in Germany. Alle Rechte vorbehalten
Zitat von Arnold Mindell auf S. 8 mit freundlicher Genehmigung des Autors und des Verlags
Druck und Bindung: Pustet, Regensburg
Umschlag: Elisabeth Petersen, München
Umschlagmotiv: Zefa/Image Source
ISBN 3-466-30667-1

*Gedruckt auf umweltfreundlich hergestelltem Werkdruckpapier (säurefrei und chlorfrei gebleicht)*

# Inhalt

Unsere wichtigste Aufgabe ist es, das, was wir fühlen, zu achten und zu schätzen. Unsere Wahrnehmungen sind das Einzige, was uns wirklich gehört. Wir leiden, wenn unser Weg zu wenig Herz hat, und haben tief innerlich das Gefühl, ein sinnloses Leben zu führen. Unsere größten Probleme haben vielleicht den Sinn, unser Leben anzuhalten und uns aufzuwecken und so unsere alte Persönlichkeit hinter uns zu lassen und den Pfad des Herzens zu gehen.

Arnold Mindell in *Den Pfad des Herzens gehen*

# Vorwort

Dies ist ein Buch über Herzenswünsche und die Suche vieler Menschen nach Liebe und Glück. Und es ist ein Buch über meine Erfahrungen mit der Aufstellungsarbeit, die sich als sehr hilfreich beim Aufspüren alter Fesseln und der Entwicklung neuer Lebensmöglichkeiten erwiesen hat.

Als ich selbst mein erstes Aufstellungsseminar als Teilnehmerin und Lernende besuchte, war ich überrascht, wie sehr wir mit unseren Herzensthemen, unseren Partnerschaften, aber auch unseren Problemen und Krankheiten eingebunden sind in das Feld unserer Familien, unserer Eltern und Geschwister, unserer Großeltern und ihren oft schweren Schicksalen. Ergriffen war ich von den Lösungsbewegungen und den rituell gesprochenen Sätzen, die das Unbewusste deutlich werden lassen und unsere tiefe Sehnsucht nach Zugehörigkeit und Eingebundensein widerspiegeln. Im Alltag durfte ich erleben, wie sich unmittelbar nach der Aufstellung meine Haltung und damit auch die Beziehung zu mir wichtigen Familienmitgliedern veränderte und verbesserte, ein Prozess, der bis heute anhält. In jener Phase meines Lebens arbeitete ich noch als Reporterin fürs Fernsehen, meine Ehe löste sich trotz der großen mich mit meinem Mann verbindenden Liebe gerade auf. Ich selbst war wie nie zuvor in meinem Leben auf der Suche nach einem guten Platz im Leben und letztlich auch auf der Suche nach meinem Glück.

Ich entschloss mich, meinen alten Beruf als Psychologin wieder aufzugreifen. Dabei lernte ich Bert Hellinger und viele andere Familien- und Systemaufsteller (Gunthard Weber, Matthias Varga v. Kibéd, Insa Sparrer, Angelika Glöckner, Otto Brink u.v.a.) und ihre Arbeit kennen und mit ihnen auch selbst Aufstellungen zu leiten und meine eigene Arbeit zu entwickeln.

Besonders inspiriert bei meinen Herzenswunschaufstellungen haben mich die Arbeiten von Matthias Varga v. Kibéd und Insa Sparrer. Mit ihrer Weiterentwicklung der Aufstellungsarbeit, den so genannten Strukturaufstellungen, machten sie mir Mut, weitere Möglichkeiten und den eigenen philosophischen Rahmen zu erkunden. So sehr ich viele Aspekte der Aufstellungsarbeit Bert Hellingers schätze, insbesondere sein Konzept der Achtung und Würdigung der Menschen, die vor uns da waren, wie auch seine »Sätze der Kraft«, so sehr entferne ich mich auch wieder von der in vielen Aufstellungen geübten Strenge und so mancher »Wahrheit«, die nicht zu mir und meinen Denkmodellen passt. Es geht mir vor allem darum, meinen Klienten den Spielraum zu lassen, den sie für ihre Prozesse brauchen.

Ich habe festgestellt, dass Aufstellungsarbeit ohne die Bestimmung von richtigem oder falschem Verhalten und ohne negative Zuschreibungen auskommen kann. Achtung und Würdigung gebührt auch denen, die jetzt leiden und manchmal am Leiden zerbrechen und Lösungen nur schwer annehmen können. Wenn wir in einer Krise stecken, brauchen wir selten einen Rat oder eine Aufforderung, wie wir da schnell wieder herauskommen. Wir brauchen eher eine Hilfestellung dabei, uns für den eigenen Prozess zu öffnen, uns selbst mit all unseren Widersprüchen und unserer manchmal verworrenen Sprache anzunehmen und zu verstehen. Es geht mir in den Aufstellungen sehr darum, der Suche der Menschen zu folgen und mit ihnen, wenn auch häufig nur für die Dauer eines Seminars, einen Weg zu gehen, den vor allem sie selbst nachvollziehen können.

Erfahrungen und Beschreibungsmuster aus der Jung'schen Psychologie, wie sie insbesondere von Verena Kast beschrieben wird, der Traumkörperarbeit nach Arnold und Amy Mindell und dem breiten Feld der systemisch-konstruktivistischen Therapie, wie ich sie in der Heidelberger Schule kennen gelernt habe, fließen in diese Arbeit mit ein.

Danken möchte ich an dieser Stelle all den Menschen, mit denen ich selbst die Liebe in ihrer Vielfalt lernen und leben durfte: ganz besonders meinen Eltern und Geschwistern, meinem ersten Mann, mit dem ich viele Jahre glücklich war, und all meinen Lebens- und Liebesgefährten auf Zeit, die kleine und manchmal auch große Steine in meinem Leben ins Rollen brachten.

Ein großer Dank geht an die Gestalttherapeutin Evelyn Horsch, die wesentlich mit dazu beigetragen hat, dass ich in dem vorliegenden Text auch aus der Tiefe meiner eigenen bewussten Erfahrung schöpfen konnte.

Dankend erwähnen möchte ich auch all jene Menschen, die mir erlaubt haben, ihre Geschichten zu erzählen. Ohne ihr stilles Mitwirken wäre dieses Buch nicht entstanden.

Und nicht vergessen möchte ich Michaela Koch, die mir als erste Leserin des Manuskripts wertvolle Hinweise und ihre Zeit für bereichernde Diskussionen schenkte. Vielen Dank.

# Das Ungelöste im eigenen Herzen

## Beginn einer Reise

Es sind Herzenswünsche, die wir in den Himmel schicken: Der Traummann, die Traumfrau soll sich zeigen! Endlich glücklich sein! Mit zwanzig scheint noch alles möglich. Wenn der eine Partner noch nicht passt, dann der Nächste bitte. Und mit dem Kinderkriegen, das lässt sich aufschieben. Erst beruflich in die Reihe kommen, dies noch erleben, das noch tun. Und auf einmal läuft die Zeit, scheinbar selbstverständliche Lebenspläne wollen sich nicht erfüllen. Liebe, Trennung, Scheidung, ein unerwünschter Kreislauf schließt sich, dann das verdammte Alleinsein und immer fehlt etwas, was nur? Ein Teil im Herzen bleibt leer und sehnt sich.

Wenn Herzenswünsche wie die nach einer guten Partnerschaft sich dauerhaft nicht erfüllen, wirken häufig noch unsichtbare familiäre und lebensgeschichtlich bedeutsame Bindungen und Verstrickungen in das jetzige Leben hinein. Zum Beispiel kann die unzureichend vollzogene innere Trennung von einem früheren Partner noch Energie binden. Oder eine langjährige liebevolle Partnerschaft »darf« sich nicht einstellen, weil schon die Eltern in der Liebe nicht glücklich waren.

Als Kinder standen die Mädchen vielleicht zu nah beim Vater oder die Söhne zu nah bei der Mutter. Möglicherweise übernahmen sie Aufgaben, für die sie noch zu klein waren, oder etwas anderes brachte die Ordnungen der Liebe in der Familie durcheinander. Schon damals standen sie nicht am richtigen Platz, und bis heute fällt es schwer, sich als Frau oder als Mann an die Seite eines Partners zu stellen und zu bleiben.

Der Wunsch nach Beziehung und Partnerschaft ist existenziell, wir sehnen uns nach Zugehörigkeit, nach einem Zuhause. Wir sind voller Bilder und Regeln, wie eine Partnerschaft gelebt werden kann. Unsere Familien haben uns völlig ungeachtet ihrer eigenen jeweiligen Lebensbedingungen auf unser zukünftiges Beziehungsleben vorbereitet wie auf ein Regelwerk, das nur wenige Ausnahmen zulässt. Selten werden wir vorbereitet auf das tatsächliche, sich durch Höhen und Tiefen, Geheimnisse und Trennungen bewegende Lebens- und Liebestheater, wie es in den besten Familien nach einem unsichtbaren Drehbuch immer wieder aufs Neue inszeniert wird. Wenn wir genau hinschauen, stellen wir fest, dass es mehr Ausnahmen als lebbare Regeln gibt. Dessen ungeachtet ist der Wunsch nach einer Partnerschaft überladen mit festen Ansprüchen und Erwartungen, die wir selbst und unsere Partner so nicht erfüllen können.

Viele Liebesbeziehungen werden mit großen Hoffnungen begonnen und erfüllen uns dauerhaft nicht. Das macht in der Wiederholung mutlos. Die Not ist immer groß, wenn die Liebe zu einem Partner sich dauerhaft nicht einstellen will und Beziehungen immer wieder abgebrochen werden. Haben wir nicht ein Recht auf Liebe und ein Glück zu zweit? Was können wir tun, damit ein Partner gerne bleibt oder wir selbst nicht immer wieder gehen

Sich wiederholende Beziehungsschwierigkeiten sind wertvolle Hinweise für das Ungelöste im Herzen.

müssen? Wir stoßen auf innere Barrieren, die wir umgehen möchten, aber wir wissen nicht wie. Diese inneren Grenzen sind wertvolle Hinweise und Wegweiser für das Ungelöste im eigenen Herzen und vielfach auch in den Herzen unserer Familien. Wir spüren das in bestimmten Zeiten unseres Lebens in Form einer Traurigkeit, die nicht aufhören möchte, als Schmerz in unserem Körper oder als leidvolle Begegnung mit Menschen, die wir nicht wandeln können. Am liebsten möchten wir solche Gefühle, Begegnungen, Zeiten schnell wieder loswerden. Hilfreicher kann es sein, innezuhalten und die Botschaft zu verstehen, die sich hinter Trennungen, Beziehungsschwierigkeiten und Ängsten verbirgt.

Ob wir einen guten Platz im Leben haben, machen wir oft an unseren Partnerschaften fest. Haben wir einen Partner, eine Familie und Kinder, dann meinen wir, dass wir Wesentliches schon erreicht haben. Wenn dann der Partner irgendwann nicht mehr mitspielt und eigene Wege gehen will oder muss, bricht vieles zusammen. Und gerade diese Phasen können eine ungeheure Bereicherung sein, sind sie doch Zeichen, das sich etwas Neues entfalten und entwickeln möchte. Alte Komplexe und Gebundenheiten können jetzt gelöst und bearbeitet werden.

Insbesondere die wirtschaftliche Unabhängigkeit von Frauen, die sich im letzten Jahrhundert dank der Frauenbewegung entwickeln konnte, hat dazu geführt, dass Paare heute nicht mehr zusammenbleiben müssen. Wenn Liebe in einer Beziehung nicht mehr gespürt wird, gehen viele Menschen auseinander. Das ist einerseits schade, kann aber auch eine große Herausforderung zur weiteren persönlichen Entwicklung sein. Wer sind wir, was ist Liebe, welche Aufgabe haben wir im Leben – Fragen, die wir uns in einer Gesellschaft stellen können, in der Grundbedürfnisse nach Nahrung und Unterkunft im Wesentlichen gestillt sind. Persönliche Entwicklung ist immer mit Loslassen verbunden und mit Schmerzen, wenn wir uns verabschieden von alten Idealen, von Menschen, von Sachen. Das ist der Preis, den wir zahlen, wenn wir in dieser Gesellschaft leben, andererseits ist es auch ein Privileg und wir können das Beste daraus machen.

## Unser Seelenabenteuer

Das Ungelöste in unseren Herzen ist der Stoff für ein modernes Märchen, unser ganz persönliches Seelenabenteuer, das wir zu bestehen haben. Wir entscheiden darüber, wie weit wir gehen, wie neugierig wir sind, welche Reisebegleiter wir mitnehmen und auf welches Abenteuer wir uns einlassen und ob wir überhaupt losgehen. Auf einer solchen Lebensreise ist alles möglich. Manchmal ist das Schlimmste, was passieren kann, genau das, was uns auf einer neuen Stufe bereichert weiterleben lässt.

Das Ungelöste zeigt sich in unseren zwischenmenschlichen Konflikten, in unseren Projektionen, in Körpersymptomen und in unseren Kämpfen mit der Welt. Wenn immer wieder ähnliche Probleme in Beziehungen und Partnerschaften auftauchen, neigen wir dazu, diese Schwierigkeiten dem anderen als Schuld oder Versagen anzukreiden. Ich habe Menschen erlebt, die jahrelang in einer Vorwurfshaltung verharren und nicht merken, wie sehr sie eigene Gefühle, Einstellungen und Gedanken ignorieren und auf andere zurückführen. Der Fachbegriff für dieses Verhalten ist Projektion. Diese Projektionen sind in der Regel mit heftigen Emotionen verbunden. Wenn wir uns selbst besser kennen lernen wollen, brauchen wir nur darauf zu achten, welche Menschen uns besonders anziehen oder welche uns absto-

Häufig projizieren wir unsere ungelösten Schatten- und auch unsere wunderbaren und lichten Seiten auf andere.

ßen. Dahinter verstecken sich immer eigene Themen und Eigenschaften, die wir an den Rand des Bewusstseins gedrängt haben und nicht mehr wahrnehmen. Wir können sie dann nicht mehr als etwas Eigenes verstehen, sie anschauen und verwandeln. Wenn wir projizieren, geben wir etwas von uns selbst weg. Wir können auch Positives projizieren. Wir schauen z.B. immer wieder bewundernd auf kreative Menschen und Künstler und sehen die Künstlerin in uns selbst nicht. Wir schwärmen von Eigenschaften einer bestimmten Person und merken nicht, dass wir im Kern diese Eigenschaften auch in uns tragen.

Spannend kann es auch sein, den eigenen Tratschgeschichten zu lauschen. Welche Bedürfnisse, Neigungen und Abneigungen, die wir tief in uns versteckt haben, möchten da angeschaut und angenommen werden? Von Schatten ist in der Jung'schen Psychologie die Rede, wenn es um die Seiten geht, die wir an uns selbst nicht wahrhaben wollen. Neid, Eifersucht, Geiz sind z.B. Schattenseiten, die wir bei uns selbst nicht leiden mögen und deswegen lieber verdrängen. Wenn wir über andere reden, tauchen sie unmerklich auf.

Mit allen Licht- und Schattenseiten aber sind wir eingebunden in etwas Größeres, in die Welt unserer Familien, Völker und Nationen. Unser Geiz ist auch ein Teil des Geizes in der Welt oder hat zu tun mit dem Überlebenskampf in unseren Familien. Unsere Suche nach Liebe und Glück hat zu tun mit der fehlenden Liebe in unserer Gesellschaft. Das Ungelöste ist nicht nur unser Problem, sondern steckt im System unserer Familien, unserer Geschichte und der Welt, wie sie sich nun einmal gerade zeigt.

In einer Herzenswunschaufstellung können wir mit dem Ungelösten in uns in einen bewussteren Kontakt treten und herausfinden, welche Personen und inneren Bewegungen für eine gute Lösung und schließlich für die Begegnung mit dem zukünftigen Seelengefährten oder der Seelengefährtin wichtig sind. Wir können das Ungelöste in unserem Herzen und in unseren Familien in einem äußeren Aufstellungsbild anschauen und die zugrunde liegende Dynamik besser erkennen und verstehen. In einem bewegenden Ritual kann verloren geglaubte Liebe neu entdeckt und ein guter und stimmiger Platz im Familiengefüge endlich eingenommen werden.

Eine tiefere Seelenebene, zu der wir im täglichen Leben oft keinen Zugang haben, öffnet sich. In der Regel lassen wir uns zu sehr ablenken von unserem Alltagsbewusstsein, unseren Meinungen, unseren Projektionen sowie von unseren Erwartungen und Enttäuschungen. Wenn es uns nicht gut geht, laufen wir und unsere Freunde Gefahr, zu oft und anhaltend im gleichen Problemteig zu rühren. Wir sprechen zum hundertsten Mal über ein Thema, um es endlich zu lösen, drehen uns aber im Kreis, in der Regel geht es uns nach solchen Gesprächen noch schlechter als vorher. Wir hypnotisieren unsere Zuhörer und uns selbst mit jedem Wort neu und erschaffen eine Problemtrance, aus der wir nur schwer wieder herausfinden.

Achtung und Respekt vor dem, was ist – auch für das Schwierige –, schaffen Raum für Neues.

Das erste Aufstellungsbild kann als ein Schnappschuss unserer inneren Welt angesehen werden, hier können sich das Ungelöste und die damit zusammenhängenden Personen und Schicksale im Außen zeigen und entfalten. Das Aufstellen unserer Familien und anderer Systemfaktoren setzt Prozesse in Gang, die uns mit größerer Bewusstheit leben und lieben lassen. Wir erfahren auf beeindruckende Weise, dass wir nur loslassen können, was wir achten und schätzen, und nicht, was wir treten und am liebsten abschießen möchten. So geht es uns mit Menschen, aber auch mit Gefühlen und Krankheiten. Wenn wir achten und würdigen, was ist und war, können wir eher gehen und frei unseren eigenen Weg wählen.

Nicht für jeden ist der in einer Aufstellung sich anbietende Weg leicht zu gehen. Manchmal stoßen wir an individuelle Grenzen, auch sie gilt es zu respektieren. Manchmal brauchen die Wut und andere missliche Gefühle noch ihren Platz und ihren Raum, um sich auszudrücken. Wenn wir auch das im Augenblick noch nicht Mögliche achten, steigt vielleicht die Chance, die Hindernisse im Alltag in einem nächsten Ritual oder in einer erweiterten therapeutischen Begleitung zum Guten hin zu verwandeln.

Wir haben alle ein großes Gespür für die Zusammenhänge und Verwicklungen in menschlichen Systemen. Wie anders könnten wir als Stellvertreter in einer Aufstellung so genau erfassen, wie es den Mitgliedern, ja selbst den Verstorbenen, in einem Familiensystem geht. Diese Fähigkeit benutzen wir in der Regel intuitiv, ohne dass sie uns im Alltag bewusst ist. In Aufstellungsseminaren wird sie bewusst und explizit eingesetzt. Die Gruppenmitglieder werden zu spürenden Repräsentanten unserer Familiensysteme. Die Dynamik des Ungelösten darf sich zeigen.

## Wie läuft eine Familienaufstellung ab?

Ich möchte das Vorgehen bei einer Aufstellung einmal genau beschreiben: Nach einem längeren und sehr wichtigen Vorgespräch wählt die Klientin/der Klient Menschen aus der Gruppe, die sich meist untereinander nicht kennen, als Stellvertreter für die Mitglieder seiner Familie und für sich selbst aus. Die Klientin tritt hinter die jeweiligen Personen, berührt sie mit beiden Händen und stellt sie auf einen nach ihrem inneren Gefühl »richtigen« Platz im Gruppenraum.

Die aufgestellten Personen spüren auf mehreren Ebenen oder Kanälen, wie es ihnen auf ihrem zugewiesenen Platz geht. Was passiert in ihrem Körper, stehen die Beine fest oder wacklig, tauchen Schmerzen auf …? Mit wem im Raum sind sie verbunden? Spüren sie eine Bewegung in sich und wenn ja wohin?

Schon sehr schnell entfaltet sich vor den Augen aller ein beeindruckendes Szenario des Gefühlslebens sowie der offenen oder der bislang verborgenen Absichten der einzelnen Familienmitglieder. Weitere wichtige Personen, Menschen, die ein schweres Schicksal hatten, frühere Partner der Eltern, zu früh gestorbene Geschwister, können während einer Aufstellung hinzugestellt werden. Manchmal werden auch die verlorene Heimat oder die Traurigkeit oder andere wichtige Systemfaktoren aufgestellt und deren menschliche Stellvertreter nach ihrer sich wandelnden Befindlichkeit befragt. Meine therapeutische Arbeit besteht darin, den Aufstellungsprozess so zu leiten und zu gestalten, dass Lösungen und neue Lebens- und Liebesmuster sich entfalten können.

In der Aufstellungsarbeit steckt eine große erkenntnisfördernde Kraft, um die schon die amerikanische Familientherapeutin Virginia Satir wusste. Bereits in den 60er-Jahren begann sie mit der Rekonstruktion von Familiensystemen. Sie stellte ganze Ahnenreihen auf und entdeckte, dass sich Krankheits- und Lebensmuster in Familien über Generationen wiederholen können. Sie ist eine wichtige Vorreiterin der Aufstellungsarbeit.

Der Verdienst Bert Hellingers besteht in der Entwicklung einer besonderen Form der Lösungsaufstellung, die sich an einer Rangfolge der Familienmitglieder orientiert, wie sie in seinem Buch *Ordnungen der Liebe* und auch im zweiten Kapitel dieses Buches genauer beschrieben wird. Hinzu kommen die von ihm entwickelten »Sätze der Kraft«, die, wenn sie im Einklang mit dem Prozess des Klienten vorgeschlagen werden, das Innere berühren und tragende Veränderungen vor allem auf der Beziehungsebene anstoßen können. In einer wissenschaftsgläubigen Welt gibt es kaum anerkannte Beschreibungsmuster, um die in einer Aufstellung auftretenden Phänomene des Sicheinspürens in andere Menschen zu erklären. Bert Hellinger spricht von der großen Seele oder dem Urgrund, mit dem wir alle verbunden sind, andere Aufsteller mit weniger religiösem Hintergrund sprechen von wissenden oder morphogenetischen Feldern, Jung würde vom kollektiven Unbewussten sprechen, zu dem wir alle einen spürenden Zugang haben. Ich selbst spreche von einer großen sich einfühlenden Intuition, die wir sogar im Alltag besitzen, wenn wir aufmerksam auf unsere innere Stimme hören. Wir alle wissen in unserem tiefsten Inneren um die zwischenmenschlichen und familiären Verflechtungen in der Welt.

Wir streifen immer die Bereiche spirituell-religiöser Möglichkeiten, wenn wir verstehen wollen, was in einem therapeutischen Prozess, einem Ritual oder darüber hinaus in unserem Leben passiert. Wir wissen und ahnen viel mehr, als unser Intellekt zugeben möchte; in einer Aufstellung spüren wir auf eindrückliche Weise, wie sehr wir in unserem Leben, mit unseren Lebensthemen mit früheren und aktuellen Geschichten um uns herum verwoben sind. Dieses Wissen, diesen Reichtum an Erfahrungsmöglichkeiten außerhalb der unmittelbar sichtbaren Welt gilt es anzuzapfen, wenn wir uns selbst und unsere Beziehungen besser verstehen wollen. Systemaufstellungen bieten einen wunderbaren Rahmen für innere Bewegungen, die uns in dieser Richtung weiterführen.

Die in einer Aufstellung gefundenen Lösungen und Visionen müssen im Alltag integriert werden. Die Seele oder unsere Träume suchen sich dabei ihren eigenen Weg. Dabei werden wir vielleicht Beziehungsschleifen drehen, schmerzhafte Wiederholungen können passieren, Krankheiten werden auf dem Weg zur erweiterten Selbsterkenntnis durchlebt. Es kann ratsam sein, diese Prozesse durch einen erfahrenen Therapeuten begleiten zu lassen. Eine Aufstellung ist also kein Bestellservice mit direkter Lieferung, es geht um mehr als die bloße Erfüllung eines berechtigten Herzenswunsches. Das kann das Annehmen des eigenen bisherigen Lebensweges sein oder die Feststellung, noch Zeit zu haben, und manchmal verstecken sich hinter einem drängenden Partnerwunsch noch weitere Lebenswünsche und -möglichkeiten. Oftmals brauchen die Prozesse der Loslösung von bedürftigen und verstrickten Eltern und die notwendige Suche nach der eigenen Lebensaufgabe, die sich vielfach stellt, viel Geduld und Zeit. Dies kann nach einer Aufstellung besser akzeptiert werden. Häufig verändert sich auch die Wahrnehmung für den »richtigen« Partner. Dann geht es nicht mehr um schnelles Glück und oberflächliche Verliebtheit, sondern um eine Partnerschaft, die sich richtig und stimmig anfühlt.

Eine Aufstellung ist kein Bestellservice mit sofortiger Lieferung – die Lösungen und neuen Einsichten müssen im Alltag integriert werden.

## Höhepunkte unserer Reise zum Seelengefährten

Ich möchte Sie mit diesem Buch zu einer kleinen inneren Reise einladen. Wir starten mit Ihren Wünschen und Träumen, geben dem Ungelösten in Ihrem Herzen einen gebührenden Raum und durchwandern im nächsten Kapitel die Gefilde Ihrer Familien und Ahnen. Wir sind durch die Familie eingebunden in ein Feld, das uns nur bedingt frei sein lässt. In diesem Feld finden wir nicht nur die eigene Geschichte mit ihren Höhen und Tiefen, der geteilten Liebe und den Versagungen; hier treffen wir auch auf die Geschichten unserer Eltern und unserer Ahnen mit all ihren Freuden und Enttäuschungen. In diesem Feld begegnen wir den Großvätern und Großmüttern, die oft zu früh gestorben sind oder durch Flucht und Vertreibung ihr Zuhause verloren haben. Hier verbinden wir uns mit den Kindern, die nur kurz gelebt haben, mit den Opfern von Krieg und Nationalsozialismus oder anderen, die ein schweres Schicksal erlitten haben.

Studieren wir die Ahnenreihen, erkennen wir manchmal Lebens- und Liebesmuster, aber auch Schicksale und Krankheiten, die sich auf wundersame Weise zu wiederholen scheinen. In einer systemischen Aufstellung können wir nachvollziehen, wie sehr wir mit unserem eigenen Leben an die Familie und manchmal auch an Menschen, die durch Mitglieder unserer Familie einen gravierenden Nachteil hatten, gebunden sind. Im Aufstellungsbild erfahren wir vielleicht zum ersten Mal, wie sehr wir mit unserem Schmerz und den eigenen Verlusten für unsere Eltern und Ahnen etwas zu tragen versuchen, als könnten wir ihnen das Schwere abnehmen und damit rückwirkend sie und auch uns selbst erlösen. Und hier spüren wir auf eindrückliche Weise, dass dies nie wirklich gelingen kann. In einem bewegenden Ritual verabschieden wir uns von diesem kindlichen Lösungsversuch, achten die Schicksale der Menschen, die vor uns da waren, und können nun freier und wenn wir uns im Alltag Zeit lassen, auch bewusster ins eigene Leben gehen.

Viel Raum und Zeit widmen wir im dritten und vierten Kapitel den Liebesmustern, die uns mit den Eltern und Geschwistern verbinden. Vater und Mutter sind in der Regel unsere ersten Bezugspersonen. Mit ihrer Liebe lernen wir die Liebe zu unseren Liebes- und Lebensgefährten. In unseren Konflikten heute spiegeln sich die alten im Elternhaus erlernten und erspürten Muster. In den Aufstellungen erleben wir hautnah, wie es sich anfühlt, als Frau zu nah beim Vater zu stehen oder als Sohn zu nah bei der Mutter. Hier spüren wir, wie schwer es war, in der Familie einen kindgemäßen Platz zu finden, wenn die Liebe von Vater oder Mutter an Bedingungen geknüpft war. Hier verbinden wir uns mit unserer Sehnsucht, einfach nur als kleines Mädchen oder Junge gesehen und geliebt zu werden. Die Aufgabe, für das Glück unserer Eltern und später für das Glück unser Partner zuständig zu sein, geben wir an sie zurück. Manchmal erleben wir, wie die Eltern, aber auch unsere Partner wachsen, wenn wir ihnen ihr eigenes Schicksal und die Verantwortung für ihr Glück, aber auch ihre Trauer zumuten.

Für einige können ein zu früh gestorbenes Geschwisterkind oder nie gekannte Halbgeschwister der Schlüssel zu mehr Ganzheit im inneren Familienbild und zu mehr Glück in Beziehungen sein.

Im halb vergessenen Land bereits gelebter Liebesgeschichten begegnen wir unseren früheren Lebensgefährten und Partnern.

Im fünften Kapitel setzen wir die Reise fort in das halb vergessene Land unserer bereits gelebten Liebesgeschichten. In der Pubertät lösen wir uns von den Eltern, erste Verliebtheiten bereiten uns auf die späteren Partnerschaften vor. Nur wenige bleiben bei dem einen Richtigen, dem sie schon in der Sandkiste begegnet sind. Es folgen kleine und große Lieben, Enttäuschungen, Kinder, die beim Vater oder bei der Mutter aufwachsen, erste Ehe, zweite Ehe und dann das Alleinsein. Ein Reichtum an Erfahrungen, gute und enttäuschende, die selten ausreichend integriert worden sind. Häufig wird das Ungelöste aus der einen Partnerschaft in die nächste mitgeschleppt.

Trennungen und Abschiede werden zu schnell vollzogen. Konflikte in Beziehungen deuten immer auch auf Konflikte mit uns selbst, leider haben wir nicht gelernt, sie zu lösen. In einer Aufstellung haben wir die Möglichkeit, noch einmal genau hinschauen. Wir können unseren Groll, der uns nach vielen Jahren noch innerlich vergiften will, spüren und loslassen, aber auch noch einmal die verbindende Liebe durch unsere Herzen wandern lassen, um sie dann mitzunehmen ins jetzige Leben. Auf diesem Abschnitt der Reise verbinden wir uns mit dem eigenen Fundus an Liebesgeschichten, lassen bei den früheren Partnern das, was zu ihnen gehört, und nehmen mit, was es zu gewinnen gab, bzw. was wir »aus ihnen herausgeliebt haben« wie Verena Kast es so treffend in ihren Texten ausdrückt.

Wir haben das Feld unserer Ahnen durchlaufen, wir haben unseren Eltern gegenübergestanden und deren eigene Verstrickung erkannt, wir haben uns in einem überfälligen Ritual von der großen Liebe verabschiedet. Manchmal aber merken wir auf unserer Reise hin zum Seelengefährten, dass immer noch etwas fehlt. Bezogenheit und Interesse sind schon da, aber es braucht noch Zeit und Geduld. Das ist vielleicht der schwierigste Part der Reise. Wohin soll ich gehen mit mir, welchen Raum gilt es nun zu betreten? Es ist der Platz, den wir uns selbst im Leben zugestehen. Diesen Raum betreten wir im vorletzten Kapitel, hier geht es um die Liebe zu uns selbst. Hier begegnen wir unserem wütenden, vernachlässigten, liebesbedürftigen inneren Kind, hier erkennen wir unsere kreativen Möglichkeiten und schauen uns unsere Lebensaufgabe an. Hier schenken wir uns selbst die Liebe und Gelassenheit, die sich später in den Augen und Gefühlen unseres Seelengefährten spiegeln wird.

Diesen Gewinn aus der Begegnung mit uns selbst, unsere Liebesfähigkeit, die auch die Selbstliebe mit einschließt, ist die wichtigste Ration in unserem Gepäck, wenn wir im letzten Kapitel unserem Seelengefährten begegnen. Es hat sich in meiner Arbeit bewährt, den Wunschpartner oder die zukünftige Seelengefährtin mit aufzustellen, und das manchmal schon ganz am Anfang einer Aufstellung. Meine Erfahrung ist, dass die Seelengefährten zu Beginn einer Aufstellung noch nicht angeschaut werden können oder in eine Ecke gestellt werden. Wir können aus den Aussagen der StellvertreterInnen im Prozess sehr genau erfahren, ob er oder sie schon jetzt eine Chance hat, wer oder was vorher noch angeschaut, verabschiedet oder geachtet werden muss, damit der Weg in eine neue Partnerschaft und Bindung möglich wird. Der Wunschpartner oder die Seelengefährtin wirkt in der Aufstellung wie ein Gradmesser für den inneren seelischen Prozess oder liefert eine Wegbeschreibung für die Aufstellungsreise. Sie drücken sehr genau aus, was noch fehlt, damit eine glückende Begegnung stattfinden kann.

Seelenpartner und Seelengefährtin spüren, was fehlt, damit eine beglückende Begegnung stattfinden kann.

Wenn wir unabhängig sind, ist liebende Begegnung leichter möglich. Wir betreten die Welt, in der die Liebe sich gut anfühlt. Genährt von der Liebe zu uns selbst, verlieben wir uns in die Welt und teilen diese Liebe mit unseren Freunden und Partnern. Hier darf Liebe bleiben, auch wenn Visionen und Beziehungsformen sich im Verlaufe der Zeit verändern.

Weisheiten über die Liebe haben für alle Paare, heterosexuelle wie homosexuelle Menschen, gleichermaßen Gültigkeit. Ich habe eine große Achtung vor Menschen, die unter viel schwierigeren gesellschaftlichen Bedingungen Liebe verwirklichen und leben wollen. Ich erlebe die Anwesenheit lesbischer Frauen oder homosexueller Männer in meinen Seminaren und ihre Erfahrungsberichte als eine enorme Bereicherung.

In der systemischen Aufstellungsarbeit gibt es Erklärungsversuche und Entdeckungen darüber, welche Bindungen und

Verstrickungen die Entscheidung für eine homosexuelle Partnerwahl begünstigen. Identifizierungen mit gegengeschlechtlichen Personen in der Herkunftsfamilie oder die Übernahme einer Rolle als Versorgerin oder Versorger des gleichgeschlechtlichen Elternteils in der Kindheit werden als mögliche Zusammenhänge genannt. Mit solchen Erklärungsversuchen bin ich sehr vorsichtig, da sie zur Pathologisierung des Sexualverhaltens neigen oder in eine solche Richtung verstanden werden könnten. Als gäbe es eine richtige Sexualität und eine falsche und Psychologen, die das beurteilen könnten. Ich nehme diese Deutungsmöglichkeiten oder die entdeckten Zusammenhänge mit bestimmten Verstrickungen in Familiensystemen lediglich als Hypothesen, um dahinter verstecktes Leid zu erkennen und zu lösen, niemals aber um eine Umprogrammierung vorzunehmen. Homosexuelles oder bisexuelles Leben ist einfach eine Möglichkeit mehr, sein Glück in diesem Leben zu suchen. Eine enorme Bereicherung in jedem Fall für die, die sich für ein gleichgeschlechtliches oder vielfältiges Liebesleben entscheiden. In der Regel freuen sich die Gruppenmitglieder, wenn homosexuelle Paare von ihren Erfahrungen berichten oder einfach nur anwesend sind und den »Heteros« ihr Vertrauen schenken. Ein wenig Staunen ist immer auch dabei über die große Freiheit, die diese Menschen sich geben, als Frau eine Frau zu lieben oder als Mann einen Mann.

Jedes Kapitel in diesem Buch wird mit einer kleinen Übung abschließen, die Ihnen auch ohne Aufstellungsseminar die Möglichkeit gibt, die beschriebenen Inhalte auf die eigenen Erfahrungen zu beziehen. Wahrscheinlich entdecken Sie Parallelen, sichten Neues und verstehen sich selbst und die eigene gelebte Geschichte nach diesem Buch etwas besser. Vielleicht ist irgendwann ein Aufstellungsseminar hilfreich und unterstützt Sie auf Ihrer Entdeckungsreise und bei Ihrer Suche nach einem erfüllten und reicheren Leben.

## *Verbindung aufnehmen mit dem Ungelösten im Herzen*

- Nehmen Sie sich eine halbe Stunde Zeit, um über folgende Fragen und mögliche Antworten nachzudenken:

- Welche Themen wiederholen sich in meinem Leben? Gibt es Beziehungsmuster, die sich im Zusammenleben und -arbeiten mit Kollegen, mit Freunden oder mit Partnern immer wieder einschleichen?

- Kenne ich meine Lebensaufgabe, bin ich glücklich mit dem, was ich in die Welt gebe, oder gibt es noch einen unerlösten Traum, den ich mir anschauen sollte?

- Gibt es ein Märchen oder einen Mythos, der sich hinter meinem Beziehungsleben zeigt? Bin ich z.B. das Aschenputtel, der erfolglose Retter, die große Mutter oder der große Vater, die Rächerin oder der ewig Geschlagene? Haben sich diese Bilder gewandelt? Welche Figur bin ich jetzt?

- Welche Gefühle habe oder hatte ich in Beziehungen, die ich aber nie ausgedrückt habe? Welche anderen Themen würde ich in einer Beziehung nie ansprechen? Welche destruktiven und zerstörerischen Fantasien warten darauf, endlich einmal ernst genommen zu werden?

- Welche Wünsche und Träume habe ich für die Zukunft? Glaube ich wirklich, dass sie sich erfüllen könnten? Was würde geschehen, wenn ein Wunder passiert? Woran würde ich erkennen, dass ein Wunder geschehen ist? Wer würde das Wunder begrüßen? Wer wollte es am liebsten zerstören?

- Welches Bild habe ich von Männern und Frauen? Kann es sein, dass meine Bilder mit den Bildern meiner Mutter oder meines Vaters übereinstimmen?

# Die Ahnen

## Familiäre Bindungen, Verstrickungen und Aufträge

Ich mochte Beerdigungen. Schon früher hatte ich ein Faible für Familiengeschichten. Als meine Großeltern starben, liebte ich den Moment nach der Beisetzung, wenn die Familienalben aufgeschlagen und alte Geschichten erzählt wurden. Ich weiß noch, wie genau ich hinhörte und wie ergreifend es für mich war, dass all diese Menschen auf irgendeine Weise mit uns verwandt waren. Da war einer nach Südamerika ausgewandert und nie wiedergekommen, andere waren zu früh gestorben und hatten Kinder zurückgelassen. Wieder andere waren verrückt geworden. Gesichter strahlten mir entgegen, Zeigefinger legten sich auf sie, »Die lebt nicht mehr und ist an Typhus gestorben ...« Manche erzählten, andere hörten nur zu. Ich liebte diese alle verbindende Atmosphäre, die bei einer Beerdigungsfeier so deutlich spürbar war.

Ähnliches haben mir auch Klienten erzählt. Leider wird nicht in allen Familien mit Trauer und Leid so offen umgegangen. Es gibt Kinder, die bei der Beerdigung von engen Verwandten »verschont« werden, damit sie nicht merken, das Leben zu bestimmten Zeiten auch Abschiednehmen heißt. Das ist schade und wird von den späteren Erwachsenen auch so erfahren. Sie vermissen die Oma, den Vater oder die kleine Schwester, man nimmt ihnen das, was Not tun würde: zu weinen, zu heulen, nach dem geliebten Menschen zu rufen oder einfach nur Fragen zu stellen. In manchen Familien wird der Tod oder eine schwere Krankheit wie ein Geheimnis behandelt, die Münder bleiben verschlossen, Verarbeitung ist so kaum möglich. Schuldgefühle schleichen sich ein, Kinder fühlen sich in solchen Familien vom Wesentlichen abgeschnitten. Die abgetrennten, nicht gelebten Gefühle und Fragen gehen in den Untergrund und leben irgendwann in späteren Generationen wieder auf.

Können Trauer und Schmerz nicht ausgelebt werden, wird häufig die folgende Generation damit belastet.

Wir gehören zu einer Generation, deren Eltern und Großeltern Krieg, Flucht und Vertreibung erlebt haben. Das sich gehäufte Leid oder auch die angesammelte »Schuld« konnte nicht immer angemessen verarbeitet werden. Wir leben in einer Kultur, die viele Möglichkeiten des Ausdrucks von Trauer und Schmerz unterdrückt hat. Was nicht ausgedrückt werden kann, kann auch nicht verarbeitet und losgelassen werden. Unsere Eltern tragen unbewusst die alten Geschichten in ihr Leben, in ihre Beziehungen, wir alle spüren die Betroffenheit und suchen einen Weg, damit umzugehen.

Als Kinder und spätere Erwachsenen erspüren wir das Ungelebte und Ungelöste in unseren Eltern, wir rebellieren dagegen, wollen alles anders und besser machen und den alten Ballast am liebsten ganz schnell abwerfen. Manchmal verharren wir in der Gegnerschaft zu unserer Eltern über Jahrzehnte und merken gar nicht, wie nah wir ihnen noch sind und wie wenig abgelöst. In der Regel verstecken sich in unserem Denken und Verhalten die alten Muster, die wir ablehnen. Wenn tragische Lebensereignisse und Krisen uns zwingen genauer hinzuschauen, wundern wir uns über die Strenge in unseren

Herzen, die wir von der Mutter übernommen haben, oder den Jähzorn des Vaters oder Großvaters, der sich auch in unseren Auseinandersetzungen mit der Welt immer wieder zeigt. Solange wir das verdammen und in unsere Beziehungen projizieren, werden wir mit unseren Forderungen die Welt und unsere Partner erschlagen.

Es ist schwer, gut neben einem Partner zu stehen, wenn die Ablösung von den Eltern so offensichtlich noch nicht vollzogen ist. Diese Haltung spiegelt sich dann in Beziehungsproblemen wieder. Wir wollen zu viel vom Partner. Im Grunde genommen all das, was wir von den Eltern nicht bekommen haben. Das geht selten gut. Liebe im Sinne von Sein nach Erich Fromm ist dann schwer zu geben und auch nicht zu bekommen. Liebe, die haben und den anderen besitzen will, ist aber auf Dauer nicht beglückend. Sie nährt nur unsere Not und intensiviert unsere Gefühle von innerer Verlassenheit.

Leider helfen uns solche menschenfreundlichen und sicher absolut richtigen Überlegungen nicht, wenn wir in unseren Beziehungsgeschichten nicht weiterkommen. Sie nähren nur die Schuldgefühle, die Menschen häufig haben, wenn Beziehungen wehtun und nicht glücklich machen. Dagegen ist es immer beruhigend zu erleben, wie sehr wir mit unseren Liebes- und Schmerzmustern eingebunden sind in das weite Feld unserer Familie und Ahnen. Wir können auf diesem Hintergrund besser verstehen, was mit uns los ist, oder unsere Situation eher annehmen. Manchmal reichen lebensgeschichtliche Erlebnisse oder Versagungen als Erklärung für unsere Beziehungsprobleme, unser dauerhaftes Single-Dasein oder unerfüllte Herzenswünsche alleine nicht aus. Wenn wir nur auf unsere gelebte Geschichte schauen, übersehen wir meist unser Eingebundensein in ein viel größeres System, das Feld unserer Vorfahren und Ahnen.

Manchmal werden Bilder von Männern, Bilder von Frauen über Generationen weitergegeben. Eine Klientin, ich nenne sie hier Lisa, war geprägt von dem Satz »Alle Männer sind Arschlöcher«. Mit einem solchen Satz im Hinterkopf wird die Liebe zu einem Mann ständigen Prüfungen unterzogen. Da hat der Partner keine Chance, es sei denn, er ließe sich zu Übermenschlichem antreiben. Wer war in Lisas Familie das große »Arschloch«? Wer war der Vater des Vaters? Das blieb lange ein großes Geheimnis. Erst als sie selbst immer wieder »Arschlöchern« in ihrem Leben begegnete, begann sie Fragen zu stellen und bekam endlich eine Antwort. Der Satz stammte von der Mutter des Vaters, deren erste große Liebe sie mit einem Kind, dem Vater von Lisa, hatte sitzen lassen. Der Mann war aus Holland gekommen, hatte eine Zeit als Knecht auf dem gleichen Bauernhof wie die Großmutter gearbeitet und war später in sein Land zurückgegangen. Lisa wusste zu erzählen, dass die Großmutter mit der Wut auf diesen Mann ins Grab gegangen sei.

In der Aufstellung kam es zu einer bewegenden Begegnung von Lisa mit ihrer Großmutter. Lisa hatte nicht gewusst, dass sie mit der Großmutter und dem Schmerz in ihrem Herzen so tief verbunden war.

»Ich sehe dich und deinen Schmerz und lasse ihn bei dir«, sagte sie und verneigte sich leicht. »Bitte schau freundlich auf mich, wenn ich glücklich mit einem Mann bin.« Die Großmutter freute sich und wünschte ihrer Enkeltochter alles erdenklich Gute.

Ich habe die Erfahrung gemacht, dass Großeltern in der Regel immer wollen, dass die Geschichte und das Leben ihrer Enkel gut weitergehen. Im Aufstellungsbild von Lisa standen der Holländer, aber auch die Großeltern mütterlicherseits, die zum Teil aus Ostpreußen gekommen waren. Lisa freute sich über die multikulturelle bunte Mischung, die ihrem eigenen

Leben zugrunde liegt. Die blonden Haare, die sich in der Erbfolge durchsetzen konnten, stammten sicher von dem Holländer. Darauf konnte sie jetzt stolz sein.

Auch in den Monaten nach diesem Seminar liefen noch »Arschlöcher« durch Lisas Leben, d.h. sie empörte sich über bestimmte Verhaltensweisen und Eigenschaften von Männern, z.B. Kollegen in ihrem täglichen Leben, aber sie lernte zunehmend, damit umzugehen. Die betroffenen Männer bekamen eine Chance, sich in »angenehme Typen« zu verwandeln. Ich möchte hier andeuten, wie sehr wir mit unseren inneren Bildern zwischenmenschliche Begegnungen prägen. Ändern wir unsere innere Haltung zu bestimmten Menschen oder Gruppen, erscheinen uns diese Menschen in einem völlig anderen Licht. Tatsächlich geben wir diesen Menschen die unbewusste Erlaubnis, ein völlig anderes Verhalten zu zeigen, worauf auch wir wiederum reagieren. Wirklichkeit wird anders wahrgenommen, Menschen in dieser neu konstruierten Welt dürfen ein freundlicheres Bild von sich selbst zeigen und uns damit beeindrucken. Wenn wir äußere Begegnungen und unsere Urteile als Spiegel für unsere inneren Bilder nehmen, entdecken wir meist interessantere Zusammenhänge, als wenn wir im Geschimpfe verharren und nur ewig Gleiches erkennen.

Verwandeln sich unsere inneren Bilder von Menschen, können sich auch die Begegnungen im Außen verändern.

## Verbundenheit über die Generationen

Es ist ergreifend, wie sehr wir mit dem Ungelösten der Menschen, die uns nahe stehen, verbunden sind. Wir berühren mit unserem eigenen Leben die alten Geschichten, und vielleicht gehört es mit zu unserer Lebensaufgabe, in diesem Feld, in dem wir aufwachsen und groß werden, mit dem Ungelösten umzugehen und einen neuen Weg zu finden, für uns und für all jene, die dazu gehören. Ob diese sich häufig im Leid ausdrückende Verbundenheit in einem ursächlichen Zusammenhang mit früheren Ereignissen steht oder sich einfach ereignet, hängt vielleicht mehr von unserem theoretischen Verständnis als von den wirklichen Zusammenhängen ab. Wenn wir an die Verbundenheit über Raum und Zeit glauben, können wir uns dem Wesentlichen, das uns beeinflusst, vielleicht noch am ehesten nähern.

Gedanken und Erklärungsversuche zu diesem Thema sind noch rar. Die Verbundenheit mit unseren Vorfahren und Ahnen ist für viele Therapeuten und in diesem Bereich wissenschaftlich Tätige kein Thema. So richtet sich ihr Fokus auf die lebensgeschichtlichen Aspekte unserer psychischen Entwicklung. In den letzten hundert Jahren haben sich eine Reihe neuer Therapieformen entwickelt und unser Wissen um psychische Zusammenhänge hat sich enorm erweitert. Nur wenige haben den Rahmen der Kernfamilie gesprengt und eine Mehrgenerationenperspektive eingenommen. Diese aber kann in mehrfacher Weise unterstützend sein. Zum einen, weil schwere, sich über Generationen wiederholende Schicksale nur so angemessen erklärt und gelöst werden können, aber auch weil wir in einer Gesellschaft leben, in der Vereinzelung und Einsamkeit an der Tagesordnung sind und viele Menschen sich nach Zusammenhang und Zugehörigkeit sehnen. Es kann erleichternd sein, in einer schweren Lebenskrise die Ahnen im Herzen zu haben und sich so weniger alleine zu fühlen.

Eine Mehrgenerationentherapie kann Instrumente und Methoden entwickeln, um uns wieder mehr zu verbinden mit unserer Herkunft, mit der Geschichte unserer Ahnen, mit unseren Wurzeln und der Erde. Dabei können Kräfte freigesetzt werden, aus denen viele alte Kulturen schöpften. So ist die

Kultur der Aborigines, der australischen Ureinwohner, von dem Glauben an eine mythische Vergangenheit, der *Traumzeit*, geprägt. Auf ihren Wanderungen entlang der *Traumpfade* verbinden sie sich mit den heiligen Orten und Stätten ihrer Vorfahren. Ahnenkulte oder die Verehrung der verstorbenen Angehörigen ist eine weit verbreitete Erscheinung und für viele Gesellschaften, z.B. auch für die alten Kelten und Germanen, belegt. Sie glaubten an die Macht der Ahnen, die über das Wohlergehen und das Glück der Lebenden wachen.

»Wir sind in tiefer Urliebe mit unseren Vorfahren verbunden«, beschreibt Bert Hellinger eine der Grundannahmen seiner phänomenologischen Arbeitsweise beim Familienstellen. Diese Liebe oder »Bindungsliebe«, wie er sie auch bezeichnet, kann dazu führen, dass spätere Generationen den Nachteil, den Frühere hatten, ausgleichen wollen, indem sie selbst ihr Glück nicht nehmen. Wenn ich hier oder an anderen Stellen das Wort nehmen gebrauche –, das Glück nehmen, einen Menschen als Mann oder als Frau nehmen, die Eltern nehmen – so benutze ich es im Sinne von annehmen und wertschätzen einerseits, aber auch in dem Sinne von etwas Zugehöriges aktiv ins eigene Leben zu holen oder zu packen. Nehmen ist dann nicht eine Gnade, die ich anderen zuteil werden lasse, sondern eine Wahl, die ich treffe, ein aktives Umgehen mit der Welt und ihren Geschenken.

Alle Beziehungssysteme streben nach einem Ausgleich von Geben und Nehmen. Ist dieser Ausgleich durch erlittene Ungerechtigkeit, frühen Tod oder ein anderes schweres Schicksal gestört, werden später Geborene Aspekte des Schicksals oder der Schuld wieder aufgreifen, um für den fälligen Ausgleich zu sorgen. So glaubt ein Kind für das Glück seiner unglücklichen Eltern verantwortlich zu sein oder es sühnt etwas für einen Älteren. Ein Enkel durchleidet ein schweres Schicksal oder eine lebensbedrohende Krankheit und macht damit auf das frühere Unrecht aufmerksam, eine Enkelin verliert immer wieder ihren Partner und verbindet sich auf diese Weise mit dem Schicksal einer Tante, die alleine lebte.

Diese unbewussten Versuche, Schicksalhaftes auszugleichen, verstoßen jedoch gegen die Ordnung bzw. die Rangfolge im System. Bert Hellinger beschreibt dies als Anmaßung, die wiederum von einem Bedürfnis nach Scheitern und Unglück gefolgt sein kann. Sind die Ordnungen im Familiengefüge in der beschriebenen Weise gestört, kann es zu systemischen Verstrickungen kommen. Wir leiden dann unter einer Wut oder einem »angenommenen« Schmerz, der nicht zu uns gehört, wir leben Aspekte des Lebens eines Vorfahren, den wir nicht kennen gelernt haben. Werden die Ordnungen in einer Aufstellung wiederhergestellt und beispielsweise den Früheren oder Älteren ihr Schicksal achtungsvoll zugemutet, kann die Verstrickung gelöst werden und die Menschen sind frei, ihren eigenen Weg zu gehen.

Verstrickungen können gelöst werden, wenn wir den Ahnen ihr schweres Schicksal achtungsvoll zumuten.

## Loyalität, Geben und Nehmen

Auf die unsichtbaren Bindungen und die schicksalhaften Verflechtungen der Generationen hatte schon der aus Ungarn stammende amerikanische Familientherapeut Ivan Boszormenyi-Nagy seinen forschenden Blick gerichtet. Viele seiner Grundannahmen finden wir später bei Hellinger wieder. Auch in seinen Texten geht es vor allem um Loyalität und den Ausgleich von Geben und Nehmen zwischen den Generationen. So nimmt er die Existenz einer unsichtbaren Buchführung von so genannten Verdienst- und Schuldenkonten in Familien an und beschreibt, wie Einzelne versuchen, einen Ausgleich zu schaffen und eine Art übergeordneter Gerechtigkeit wiederherzustellen. Solcherart unbeglichene Loyalitätskonten sind nach Boszormenyi-Nagy häufig die Ursache von unverständlichen und von außen befremdlich erscheinenden Reaktionen in Beziehungen oder schmerzhaften Beziehungskonstellationen. Unverständliche Trennungen könnten seiner Theorie zufolge mit dem unbewussten Bedürfnis nach Wiederherstellung der Loyalität zu Personen in der Ursprungsfamilie erklärt werden.

So finden wir häufig eine ganz bestimmte Dynamik vor, wenn Großmütter und Urgroßmütter im Kindbett gestorben sind. In der Regel haben dann die Söhne, Enkel und Urenkel in den Familien eine sehr schwache Position. Sie suchen sich Frauen, die sie verachten, bleiben lieber alleine, trinken sich zu Tode usw. Das alles natürlich, ohne etwas von dem tieferen Zusammenhang zu ahnen. Wenn eine Frau im Kindbett stirbt, was früher aufgrund mangelhafter Hygiene und fehlender medizinischer Versorgung häufig geschah, geben sich die Männer insgeheim die Schuld dafür. Diese Schuld wird wie ein Paket von Generation zu Generation weitergereicht. Eine gute Lösung, die wir in Aufstellungen beobachten, ist es, die tote Frau und falls verstorben auch das tote Kind anzuschauen und gemeinsam zu betrauern. Zur Unterstützung kann auch das Schicksal symbolisch geachtet und das mitgetragene Paket in Form einer schweren Tasche oder eines Rucksacks zurückgegeben werden. Die bewusste Achtung der schweren Schicksale ist eine heilsame Form der Verbindung mit den Ahnen. Im Falle des Kindbetttodes ist es eine Arbeit, von der ganz besonders die Männer und damit natürlich auch die Frauen einer Familie profitieren.

Auch Anne Ancelin Schützenberger, eine anerkannte französische Psychoanalytikerin, entdeckte im Verlauf ihrer langen klinischen Erfahrung Krankheits- und Sterbemuster, die sich in einigen Familien über viele Generationen wiederholen. In ihrem Buch *Oh, meine Ahnen* beschreibt sie beispielsweise Phänomene wie das Jahrestagssyndrom als eine Möglichkeit, sich unbewusst und auf fatale Weise mit den Ahnen zu verbinden. Sie erzählt unter anderem die Geschichte der Familie des Dichters Arthur Rimbaud, in der über hundert Jahre die Väter ihre sechsjährigen Söhne verließen, indem sie entweder weggingen oder starben. In einer anderen Familie starb in jeder Generation ein Kind durch Krankheit oder Unfall im Alter von acht Jahren. Auffällig war die Namensgleichheit der Kinder, die alle Luc, Lucien oder wenn es sich um ein Mädchen handelte, Lucienne hießen. Schützenberger arbeitete mit einem Mann aus dieser Familie, der sich das Leben nehmen wollte. Ihr therapeutischer Ansatz bestand darin, mit ihrem Klienten andere und weniger destruktive Formen oder Muster der Verbindung mit den Ahnen zu erarbeiten. Auch Anne Ancelin Schützenberger nimmt an, dass sich solche fatalen und das persönliche Glück beeinträchtigenden Loyalitätsmuster als Folge unbewusster Familienkonten herausbilden und über viele Generationen halten können. Ähnliches habe auch ich in Herzenswunschaufstellungen beobachten können.

Ungelöste Ereignisse werden in Familien häufig von Generation zu Generation weitergegeben.

Lassen Sie mich die Geschichte von Anna erzählen, die eines meiner ersten Herzenswunschseminare besuchte. Sie beklagte, dass ihr Mann sie mit drei Kindern verlassen habe und zu seiner neuen Freundin gezogen sei. Sie konnte auch nach einem Jahr noch nicht akzeptieren, was geschehen war, und wollte unbedingt und ganz schnell wieder einen Mann und sorgenden Vater für ihre Kinder. Schon in dem Gespräch vor der Aufstellung war sie besonders berührt von der Geschichte ihrer Großmutter, die ihren Mann plötzlich durch einen Unfall verloren hatte und mit der damals dreijährigen Mutter von

Anna alleine geblieben war. Anna wusste aus Erzählungen, dass die Großmutter sich sehr schnell wieder einen Mann gesucht hatte.

»Mein Kind muss einen Vater haben«, soll sie gesagt haben, sie heiratete schnell wieder, hatte aber mit dem neuen Mann und Stiefvater von Annas Mutter kein Glück.

In der Aufstellung, in der sowohl Annas jetzige Familie als auch ihre Eltern und die Eltern der Mutter standen, berührte sie die Begegnung mit der Großmutter am stärksten. Die Stellvertreterin der Großmutter und Anna umarmten sich lange und weinten miteinander. Der Schmerz um die verlorenen Männer verband die Frauen miteinander.

»Liebe Oma, ich achte dein Schicksal und lass es bei dir«, war ein lösender Satz, den Anna sagen konnte. Sie verneigte sich vor ihrer Großmutter und stellte sich zu ihren Kindern. Ich spürte, dass Anna noch viel Zeit brauchen würde, um ihren Schmerz loszulassen, und gab ihr dies als Rückmeldung. Sie nickte zustimmend, auch sie spürte es, aber sie konnte nun diesen schmerzvollen Weg mit ihrer Großmutter im Herzen leichter gehen. Die Großmutter wurde zu einer wichtigen Begleiterin.

Zu einem späteren Zeitpunkt entdeckte Anna Zusammenhänge zwischen ihrem eigenen Schicksal und dem Schicksal ihrer Tagesmutter, die wegen der wiederholten Krankheiten der Mutter die kleine Anna versorgte. Anna berichtete, dass sie diese Frau »abgöttisch« geliebt habe. Sie konnte sich erinnern, dass auch die Tagesmutter und ihre drei Kinder von ihrem Mann und Vater der Kinder verlassen worden waren. Sie habe danach nie wieder einen Mann gefunden. Für Anna war es auch in dieser Aufstellung wichtig, sich einerseits noch einmal mit all ihrer Liebe und Dankbarkeit zu verbinden, sich aber auch in einem kleinen Ritual abzugrenzen und sich zu erlauben, einen eigenen Weg zu gehen. Sie muss weder der

Großmutter folgen und schnell den falschen Mann nehmen, noch das Schicksal der Tagesmutter teilen und als Frau alleine bleiben.

Erwähnenswert ist, dass das wahrscheinlich für Anna viel wichtigere Thema mit der Mutter, die während Annas Kindheit häufig krank und auch essgestört war, von ihr in den ersten Aufstellungen noch nicht angesprochen werden konnte. Die Entdeckung der Verbindung mit der Großmutter und der Tagesmutter aber war eine wichtige und Kraft spendende Vorbereitung darauf. Häufig stelle ich in den Aufstellungen auch Stellvertreter, die die weibliche oder männliche Kraft repräsentieren, hinter die Personen. Dies ist hilfreich, wenn mit den Eltern aus welchen Gründen auch immer noch nicht gearbeitet werden kann.

Auch in der Geschichte von Sandra drückte sich eine große Verbundenheit mit der Großmutter aus. Sie kam zu mir, als sie wegen der Trennung von ihrem langjährigen Freund in einer Krise steckte. Sie war Ende dreißig, wirkte aber sehr viel jünger und hatte noch nie mit einem Partner zusammengelebt. Auch die letzte Beziehung war nur eine Wochenendbeziehung gewesen. Und obwohl sich durch die Trennung ihr Lebensrhythmus kaum änderte – sie hatte ihren Freund nur am Wochenende gesehen, manchmal nur jede zweite Woche –, war sie jetzt sehr einsam und konnte ihre Situation kaum aushalten. In der Aufstellung, die wir in einer Einzelsitzung mit Symbolen und Namenskarten auf dem Boden machten, tauchte eine Großmutter als bedeutsame Person auf, von der ein Band hin zu Sandras Beziehungsgeschichten verlief. Ich hatte sie nach den Schicksalen der Frauen in ihrer Familie gefragt: Frauen, die alleine geblieben waren, oder Frauen, die ihre Männer verloren hatten. Zunächst fiel Sandra dazu nichts ein. Soweit sie wusste, waren alle verheiratet gewesen. Erst als ich die Frage nach früheren Partnern der Eltern und Großeltern stellte, erinnerte sie sich plötzlich an eine alte Geschichte und war sehr berührt. Der Verlobte der Großmutter väterlicherseits hatte sich in jungen Jahren das Leben genommen. Später hatte die Mutter von Sandras Vater zwar noch geheiratet und auch Kinder bekommen, in ihrer Seele aber war sie alleine geblieben. Das kann Sandra direkt oder vermittelt über die Beziehung zu ihrem Vater gespürt haben. In der Aufstellung, in der ich die Großmutter für sie vertrat, kam es zu einer sehr berührenden Szene, in der sich die beiden Frauen weinend in den Armen lagen. Auch hier bestand die Lösung in der Begegnung mit der Großmutter, in deren Verlauf sich die Ahnin von einer bedauernswerten Frau in eine Kraftgeberin und innere Begleiterin verwandeln durfte.

Das Schicksal früherer Partner der Eltern oder Großeltern kann große Bedeutung im Leben der Nachkommen haben.

## Sich von schweren Schicksalen lösen

Wenn sich Menschen das Leben nehmen, kann das schlimme Auswirkungen auf die Nachkommen haben. Diese müssen die Geschichte noch nicht einmal kennen. In unserer Kultur wird der Freitod selten als eine Möglichkeit, das Leben zu beenden, akzeptiert. Familien, in denen Angehörige sich das Leben nehmen, können mit dem Schicksalsschlag oft schwer umgehen. Wichtige Trauer und Ablösungsprozesse dürfen nicht durchlebt werden, die Menschen verharren in einem Nebel von Schuld und Geheimnis, in das die Nachkommen hineingeboren werden.

Brigitte, deren Großvater sich das Leben genommen hatte, klagte über Gefühle der totalen Wertlosigkeit und des Selbsthasses, die sie in ihrem Privatleben, aber auch beruflich sehr beeinträchtigten. Sie war kurz davor, in eine depressive innere Welt abzurutschen. Es fiel ihr zunehmend schwer, morgens aufzustehen und ihre täglichen Aufgaben zu erfüllen. Wir konnten keine lebensgeschichtlichen Gründe für diese beeinträchtigenden Gedanken und Gefühle entdecken. Nach einem längeren Vorgespräch kamen wir auf die Idee, dass der Großvater väterlicherseits damit in einem Zusammenhang stehen könnte. Bert Hellinger spricht hier von übernommenen Gefühlen, die aus der unbewussten Identifizierung mit belasteten Personen aus der Familiengeschichte entstehen. Brigitte wusste aus Erzählungen, dass der Großvater sich selbst gehasst haben soll.

Ich ließ sie ihren Vater, den Großvater, dessen Frau und sich selbst aufstellen. Es war deutlich, dass es zwischen Vater und Großvater Spannungen gab. Der Vater wollte seinen Vater nicht anschauen. Ich bat den Stellvertreter des Großvaters, sich auf den Boden zu legen. Der Tod kann so besser gesehen und die damit verbundenen Gefühle von Trauer können wieder gespürt werden. Brigitte reagierte sofort mit großem Mitgefühl für den Großvater und begann zu weinen. Brigittes Vater aber blieb starr und konnte keinen Kontakt zu seinem Vater aufnehmen. Es war deutlich, dass er nicht berührt werden wollte. Wir können nur ahnen, wie schwer es für Kinder oder Jugendliche ist, den Freitod ihrer Eltern zu akzeptieren. Eine Mischung aus Wut, Liebe und Hass, die nicht ausgehalten und gelebt werden kann, lässt sie erstarren. Die fehlende oder unterbrochene Trauer, das Ungelöste im Herzen der Familie, aber wird von den Nachkommen wieder aufgegriffen. Wahrscheinlich hatte Brigitte die unbewusste Aufgabe übernommen, das ungelöste Familienthema noch einmal ins Leben zu befördern. Ihre wahrscheinlich vom Großvater übernommenen Gefühle deuteten in diese Richtung. Ich fragte Brigitte, ob sie sich zum Großvater legen möchte, was sie auch gleich und gerne tat. Sie weinte lange in seinen Armen. Es war ihre Sehnsucht, aber vielleicht auch die Sehnsucht ihres Vaters nach dem Vater, die sie hier ausdrückte. Sie fühlte sich bei ihrem Großvater wie angekommen an einem guten Ort. Der Stellvertreter des Vaters blieb während der ganzen Szene völlig unberührt.

Brigittes Traurigkeit nahm in den Tagen nach dem Seminar ab, aber ihre Gefühle der Wertlosigkeit blieben. Einige Wochen später kam sie zu einer Einzelaufstellung in meine Praxis. Was in der Gruppenaufstellung noch nicht möglich gewesen war, konnte hier langsam passieren. Sie versetzte sich in die Rolle ihres Vaters und nahm aus dieser Position langsam Kontakt zu dessen Vater auf. Damit überließ sie die Verarbeitung und die notwendige Trauer über den Selbstmord des Großvaters ihrem Vater, seinem Sohn. Wenn dieser in ihrem inneren Bild bei seinem Vater stehen konnte, um ihn zu betrauern, konnte sie die übernommenen Gefühle und die damit verknüpfte Aufgabe abgeben und war frei. Mit einer Kordel ließ ich sie einen symbolischen Kreis um Vater und Großvater ziehen, aus dem sie dann heraustrat. Es war beeindruckend, wie sehr sie den Unterschied spüren konnte.

Wir spüren die nicht verarbeiteten Dramen unserer Eltern und Großeltern und tragen sie in unserem Herzen.

Ich ließ sie noch mehrere Male in den Kreis und wieder aus ihm heraustreten und vermittelte ihr damit die Sicherheit, dass sie selbst darüber entscheiden kann, wo sie stehen möchte. Im Kreis wurde ihr schnell übel und sie drohte zusammenzubrechen. Trat sie heraus, war sie gefasst und fühlte sich erleichtert. Sie überließ ihrem Vater das Feld, das sie mit ihren Gefühlen von Wertlosigkeit und mit ihrem Selbsthass ausgefüllt hatte. Wahrscheinlich hatte sie als Kind das nicht verarbeitete Drama ihres Vaters und Großvaters gespürt und in ihrer eigenen Seele lange mitgetragen. Insbesondere die von den

Familienmitgliedern nicht gesehenen und nicht gewürdigten Aspekte seines Lebens vor dem Freitod, die Gefühle des Selbsthasses, hatte sie mit in ihr Leben genommen. Wenn ihr Vater die anstehende Würdigung, aber auch die Trauer übernimmt, gibt er seine Tochter frei. Dies wurde von Brigitte sehr deutlich gespürt.

Um ihren Prozess der Loslösung von ihrem Großvater noch zusätzlich zu unterstützen, machte ich ihr den Vorschlag, eine selbstbewusste und lebensfreudige Frau aus der Reihe ihrer Ahninnen als gute Kraft hinter sie zu stellen. Brigitte war einverstanden. Ich übernahm die Rolle und spürte sogleich die Energie einer starken Beschützerin, die die Urenkelin festhalten wollte, in mir. Ich selbst war überrascht davon, wie schnell ich von einer eben noch ernsten Therapeutin zu einer übersprudelnden Ahnin mutierte. Brigitte fühlte sich sehr gestärkt von dieser guten weiblichen Lebenskraft in ihrem Rücken.

Kurz nach der Aufstellung suchte Brigitte ihren Vater auf und erlebte die Begegnung mit einer größeren Nähe und damit weniger problematisch als in den Jahren zuvor. Auch das »Niederdückende« in ihrem Leben durfte sich langsam verlieren.

Hier möchte ich auch die Geschichte von Andrea erzählen, die in einer Krise zu mir kam. »Mich hat mein Glück verlassen«, war einer ihrer ersten Sätze. Andreas Ehe stand nach einer kurzen Affäre mit einem anderen Mann auf dem Spiel. Sie war mit der Hoffnung gekommen, ihre Liebe zu ihrem Ehemann und Vater ihrer Tochter wiederzufinden. Bei ihren Recherchen der Familiengeschichte war Andrea auf die Linie der Frauen mütterlicherseits aufmerksam geworden. Bis zur Urgroßmutter waren die Frauen mit Männern zusammengewesen, die nicht richtig da waren. Andrea erzählte, dass auch ihr Mann nicht richtig bei ihr gewesen sei und sie nicht richtig habe lieben können. Sie habe das von Anfang an gespürt, aber immer gesagt: »Meine Liebe reicht für uns beide.« Nach der Affäre mit einem anderen Mann stimmte dieser Satz für sie nicht mehr. Sie konnte die Liebe zu ihrem eigenen Mann nicht mehr fühlen und litt auch wegen der neunjährigen gemeinsamen Tochter sehr darunter.

Die Frauenreihe in ihrer Familie ist eine Geschichte, die von abwesenden Männern und einsamen Frauen erzählt: Andreas Mutter hatte sich in einen Mann verliebt, der schon eine Familie mit fünf Kindern hatte. Sie arbeitete in seinem Betrieb als Angestellte. Mit diesem Mann und Vater von Andrea hatte sie eine mehrjährige Affäre. Die Mutter der Mutter, Andreas Großmutter, war dreimal verheiratet gewesen. Der erste Mann war homosexuell gewesen und hatte sie nur der Konvention wegen geheiratet. Der zweite Mann war ständig fremdgegangen und der dritte völlig verändert aus dem Krieg gekommen. Letzterer war der Vater von Andreas Mutter. Als diese noch klein war, verließ er die Familie und brach den Kontakt völlig ab. Die Urgroßmutter von Andrea hatte einen Seemann geheiratet, der nur selten zu Hause war.

Wir stellten Andreas Familie mit Mann und Kind auf, aber auch ihre Mutter, Großmutter und Urgroßmutter. Andrea ging zu allen Frauen, ganz besonders berührt war sie vom Schicksal der Urgroßmutter, deren Mann zur See gefahren war. Sie weinte, als die Stellvertreterin der Urahnin sie in den Arm nahm. Am Ende des Prozesses und nachdem sie ihre Achtung gegenüber den Schicksalen der Frauen ausgedrückt hatte, stellte ich die Frauen hinter sie, damit sie ihr Kraft geben konnten. Andrea spürte die Wärme und Stärke der Frauen deutlich in ihrem Rücken. Danach ging sie zu ihrer Gegenwartsfamilie und sagte zu ihrem Mann: »Bitte halte mich.«

Wenn wir die schweren Schicksale unserer Ahnen würdigen und betrauern, macht uns das frei.

Die Aufstellung hatte sofort eine verändernde Wirkung auf die Beziehung zur Mutter. Andrea hatte sich immer sehr um die Mutter gekümmert. Sie hatte, wie viele Kinder es tun, der Mutter das Leben erleichtern wollen und war im Kontakt oft die Große gewesen. Nach der Aufstellung konnte sie in der Begegnung mit der Mutter die Tochter sein und sich das erste Mal ohne schlechtes Gewissen von der Mutter verwöhnen lassen. Andrea steht mit ihrer Mutter jetzt in einem völlig anderen Kontakt, kürzlich besuchte sie gemeinsam mit ihr das Grab der Großmutter.

Eine veränderte Haltung und Sichtweise kann häufig schon nach wenigen Tagen als gute Wirkung und Folge einer Aufstellung beobachtet werden. Wir schauen mit mehr Mitgefühl auf die Eltern, die Ahnen und ihre Verstrickungen. Wir nehmen Kontakt auf mit der alles verbindenden Liebe in unseren Familiensystemen und schauen so auch auf uns und unser eigenes Leben mit einem freundlicheren Blick. Diese Veränderungen sind in der Regel bleibend. Es kann auch vorkommen, dass nach einer Aufstellung plötzlich wie durch einen Zufall Begegnungen stattfinden, die zuvor nicht möglich waren. Da kommt ein Anruf von einem Bruder, den wir lange nicht gesehen haben. Dort erzählt eine Mutter eine Geschichte, die wir vorher nie gehört haben. Die Veränderungen in uns selbst fangen langsam an, sich im Außen zu spiegeln.

Die Krise mit Andreas Mann aber ließ sich im Alltag nicht so leicht lösen. Nicht jede Geste oder jeder Satz, der in einer Aufstellung fällt, lässt sich sofort eins zu eins ins Leben übertragen. »Bitte halte mich!« kann dennoch genau der richtige Satz gewesen sein. Das dahinter verborgene Anliegen wird auf Erfüllung drängen, die Ahninnen stehen als Wächterinnen stärkend in ihrem Rücken. Andrea wird, wenn sie aufmerksam und offen für ihren Prozess bleibt, ihren Weg durch den jetzigen Dschungel ihres Lebens finden. Nicht alles wird von ihr abhängen. Auch ihr Mann wird seinen Weg gehen müssen, auch er hat begonnen, sich mit seiner eigenen Geschichte und seinen Bindungen auseinander zu setzen, um freier zu werden für die Liebe zu einer Frau.

Manchmal müssen Paare auseinander gehen und das tiefe Tal alleine durchlaufen, ehe sie sich selbst und manchmal auch wieder zueinander finden oder anderen Menschen begegnen, die besser zu ihnen und ihrer Entwicklung passen. Aufstellungen können diesen Prozess begleiten, aber sicher kaum abkürzen. Die Krise ist ein Ausdruck dafür, dass sich etwas Neues entwickeln möchte. Andrea wird zum Beispiel aus der Verantwortung entlassen, alleine für die emotionale Versorgung in der Ehe zuständig zu sein. Wenn sich Neues entwickeln will, muss Altes gehen dürfen. Das ist ein schmerzhafter Prozess und wir wissen nie, wie es ausgehen wird und wo wir letztendlich landen werden.

Andrea war nach der Aufstellung fest entschlossen, weiter an sich zu arbeiten. Sie stellte schon kurz darauf ihren abwesenden Vater auf, der nie bei ihr und der Mutter gelebt hatte. In einem weiteren Ritual schaute sie auf die eigene Affäre, um die Kränkungen aus dieser Begegnung zu verarbeiten. Gestärkt durch die Begegnung mit den mütterlichen Vorfahren ist sie bereit, ihren eigenen Weg zu finden. Sie weiß um die Verwirrung und die Schmerzen, die noch auf sie zukommen, und nimmt sie in Kauf. Sie möchte das Muster, das die Beziehungen ihrer Mutter und Großmütter prägte, nicht länger wiederholen.

Eine junge Frau, ich nenne sie Doris, kam mit ihrem derzeitigen Partner in ein Aufstellungsseminar und klagte darüber, dass sie sich zu wenig geliebt fühle. Schon in dem Vorgespräch hatte ich den Eindruck, dass ihre Beziehungsgeschichten einem Muster folgten, mit dem schon Mutter und Großmutter in Verbindung standen. Ihr Freund bedauerte, dass er nicht mehr wisse, wie er sie glücklich machen könne.

Ich ließ Doris ihre Mutter, die Großmutter, sich selbst und drei zu diesen Frauen gehörende Männer aufstellen. In der anschließenden Befragung beklagten alle drei Männer, dass sie von den Frauen nicht gesehen würden und sich links liegen gelassen fühlten. Tatsächlich schauten die Frauen wenig freundlich und eher desinteressiert zu ihren Partnern.

»Was war bei deiner Großmutter?«, fragte ich Doris.

»Sie hat meinen Großvater verlassen, als er im Krieg war. Als er zurückkam, hatte sie einen anderen. Dabei sollen sie sich sehr geliebt haben.«

Die Stellvertreter des Großvaters und der Großmutter verspürten eine sehr starke gegenseitige Abneigung. Was war geschehen? Was hatte die Frau dazu bewogen, den Mann zu verlassen?

»Mein Großvater kam aus einer sehr reichen Familie, man hat ihn enterbt, als er meine Großmutter heiratete. Sie kam aus einer viel ärmeren und nicht standesgemäßen Familie.«

Ich ging einer Hypothese nach: Vielleicht musste die Frau ihren Mann verlassen, weil sie dieses große Opfer nicht annehmen konnte. Vielleicht war das ihr unbewusstes Motiv: Ihre Liebe war so groß, dass sie sein Geschenk nicht annehmen konnte und ihn freigeben wollte. Ich stellte die Großeltern einander gegenüber und ließ die Großmutter zu ihrem Mann sagen: »Es war zu viel.«

Augenblicklich verwandelte sich die Stimmung zwischen den Repräsentanten. Großvater und Großmutter schauten einander an und fingen an zu weinen. Später lagen sie sich in den Armen. Die Szene wurde von allen im Raum als befreiend erlebt. Hinter der Trennung und dem Hass zwischen dem Paar wurde die Liebe neu entdeckt. Möglicherweise spürten auch hier die Tochter und später die Enkelin das Ungelöste, das Unausgesprochene zwischen den Großeltern und nahmen es mit ins eigene Leben. Sie schauten ihre Männer nicht mehr an oder projizierten die eigene abwehrende Haltung auf diese. Erfüllende Nähe und Beziehung konnten so nicht wachsen.

In der anschließenden Begegnung mit der Großmutter löste sich die Klientin von dem schmerzhaften Muster: »Liebe Großmutter, bitte schau freundlich auf mich, wenn ich mir einen Mann nehme und bleibe« war ein guter Satz, den sie sagen konnte. Zuvor hatte sie ihre Achtung vor dem Schicksal und dem Schmerz der Großeltern mit einer Verneigung ausdrücken können.

Mit der Kraft unserer Großmütter und Großväter im Rücken werden wir stark.

Die Verneigung als eine Geste der Achtung und Würdigung von Schicksalen und Menschen wurde von Bert Hellinger erstmals in die Aufstellungsarbeit mit einbezogen. In der Regel wird diese Bewegung von den Klienten als sehr wohltuend erlebt. Da Aufstellungen von den Menschen als ritueller Vollzug erlebt werden, unterstützt die Verbeugung die Erhabenheit des Vorgangs. Die Menschen spüren sehr schnell, dass es nicht um Unterwerfung geht, sondern immer um Dankbarkeit, um Achtung und Wertschätzung und die gegenseitige Erlaubnis, so zu sein, wie wir sind.

»Ich bin ich und du bist du« oder »Ich sehe dich jetzt mit deinem Schicksal und nehme meins« sind Sätze, die die Aussage der Verneigung je nach Kontext verstärken können. Wenn Menschen in Aufstellungen mit dieser Geste ein Problem haben, können sie für sich gerne andere Formen finden, um Achtung und Loslösung auszudrücken. Manchmal stehen auch noch ganz andere Gefühle, wie z.B. Wut, im Vordergrund und wollen angeschaut und bearbeitet werden. Hier ermutige ich die Klienten, ihrem eigenen Prozess treu zu bleiben und nicht nur meinen Deutungen und Vorschlägen zu folgen. Wenn bestimmte Bewegungen heute noch nicht möglich sind, muss vorher noch etwas anderes passieren. Wenn Klienten sich sträuben, tun sie recht damit. Sie spüren, dass eine Bewegung, die sie nicht wirklich im Herzen vollziehen können, im Leben auch noch nicht hilfreich sein und integriert werden kann.

## Konflikte, Träume und heilende Prozesse

Die Arbeiten des amerikanischen Ehepaares Arnold und Amy Mindell haben mich ermutigt, Anliegen und Prozesse der Klienten unbedingt in den Vordergrund zu stellen. Manchmal meinen wir als Therapeuten zu viel zu wissen und verpassen dabei unsere Klienten. Arnold Mindell, der die Prozessorientierte Psychologie und Traumkörperarbeit entwickelt hat, hat sich in seinen Arbeiten mit dem Ungelösten, mit den Träumen in Beziehungen und in der Welt beschäftigt. Auch wenn er keine explizite Familientheorie entwickelt hat, sprengt sein Ansatz Raum und Zeit und erzählt uns von Konflikten und Träumen, die über Generationen weitergegeben werden. Mich beeindruckt vor allem seine zutiefst menschliche Haltung, mit der er den Menschen begegnet. Seiner Ansicht nach verstecken sich hinter Beziehungskonflikten (gemeinsame) Träume, die sich erfüllen möchten. Verstehen wir diese Träume, verstehen wir auch, warum wir uns an Partner binden, die vielleicht gar nicht zu uns passen, oder warum wir uns immer wieder trennen. Diese Träume können mit unserer Entwicklung und unseren Rollen im Elternhaus, aber auch mit den Schicksalen unserer Ahnen verbunden sein.

Beachtlich ist, dass die Prozessorientierte Psychologie völlig ohne Defizitbeschreibungen auskommt. Auch die schlimmsten Gefühle bis hin zur Mordlust können als Hinweise für Herzensanliegen genommen werden, die sich entfalten wollen. Daran können wir natürlich nur glauben, wenn wir die unbegrenzten Verwandlungsmöglichkeiten selbst destruktiver Wünsche, Fantasien und Vorhaben ernsthaft in Betracht ziehen.

Häufig kommen Menschen in eine Aufstellung und wundern sich, dass ihre eigene Familiengeschichte und die Geschichte ihres Partners sich im Kern ähneln. Eine Parallele, über die vielleicht erst in der Vorbereitung auf eine Familienaufstellung zum ersten Mal nachgedacht wird. Ähnliche Geschichten im Dritten Reich, vergleichbare Schicksale von Eltern und Großeltern, miteinander verbundene Träume und Wünsche, die offen geblieben sind. Hier haben beim Kennenlernen die nicht sichtbaren Traumfiguren, die mit den Träumen und dem Ungelösten in den Familien verbunden sind, miteinander geflirtet. Arnold Mindell spricht von virtuellen Flirts in der Psychologie. Eine freundliche Begrifflichkeit, die auch schwierigsten Beziehungsproblemen einen annehmbaren Rahmen gibt. Eine solche Haltung regt Menschen an, freundlich mit sich selbst und ihren Beziehungserfahrungen zu sein, und öffnet sie für ihre eigenen Wandlungsprozesse. So verliebt sich vielleicht eine Frau in einen Berufssoldaten, obwohl sie diesen Beruf total ablehnt. Bei genauerem Hinsehen aber gibt es ein ungelöstes Thema im Zusammenhang mit Täterschaft und Krieg in ihrer eigenen Herkunftsfamilie. Wenn wir gelernt hätten, auf solche Dinge zu achten, könnten wir uns und unsere Partner besser verstehen und besser mit Konflikten umgehen. Beziehungsprobleme enthalten wie Körpersymptome im Kern unsere Träume von Ganzheit und Heilung, die sich im Leben entfalten möchten. Ein Konzept, mit dem sich auch in Aufstellungen gut arbeiten lässt.

Beziehungsschwierigkeiten können auf gemeinsame Träume und Sehnsüchte deuten, die sich erfüllen wollen.

Ich sehe in der prozessorientierten Psychologie und ihren Grundannahmen eine große Bereicherung für die Aufstellungsarbeit, die es weiter auszuloten gilt. Eine Aufstellung ist in Ausschnitten auch Traumkörperarbeit. Wir arbeiten vor allem mit den ungelösten Träumen in unseren Familien und Beziehungen, wie sie sich in unseren Symptomen und unseren Beziehungskonflikten zeigen. In der Aufstellungsarbeit nutzen wir dabei die Fähigkeit von Stellvertretern, sich in System- und Körpererfahrungen fremder Menschen einzufühlen und sie in einem bewegenden Ritual zu verwandeln.

Eine fünfzigjährige Frau kam zu mir in ein Aufstellungsseminar, sie wünschte sich nach fünfzehn Jahren Trennung von ihrem Mann und dem gerade erfolgten Auszug ihres letzten Kindes wieder einen Lebensgefährten. Nur einmal hatte sie sich in den Jahren nach der Trennung von ihrem Mann auf eine zweijährige Beziehung eingelassen, die sie aber nicht erfüllt hatte.

Claudia, wie ich sie hier nennen möchte, hatte sich in ihren Gedanken und Träumen in den letzten Tagen sehr stark mit ihrer Mutter und ihrer Großmutter beschäftigt. Ich lud sie ein, über Mutter und Großmutter zu erzählen, sie kam sofort auf ein wichtiges Thema, das dann auch die Aufstellung und Lösungsbewegungen dominierte: Der Vater der Mutter war nach dem Krieg an Syphilis gestorben. Die Mutter war damals zehn Jahre alt gewesen. Für die Großmutter muss die Erkrankung ihres Mannes nicht zuletzt wegen des moralischen und gesellschaftlichen Drucks furchtbar gewesen sein.

In der folgenden Aufstellung, in der Claudia auch die Geschlechtskrankheit, repräsentiert von einem Mitglied in der Gruppe, aufstellte, wurde deutlich, wie sehr die Krankheit zwischen den Großeltern und zwischen dem Großvater und seiner Tochter gestanden hatte. Die Liebe konnte von den Frauen nicht mehr gefühlt werden. Der Stellvertreter des Großvaters äußerte immer wieder, dass er gerne sagen wolle, wie sehr er seine Frau liebe, aber er könne sie nicht erreichen. Seine Gefühle waren getragen von Wut und großer Verzweiflung. Weiter wurde deutlich, dass weder die Frau noch die Tochter um den verlorenen Mann und Vater trauern konnten. Um diese Trauer und den Abschied noch einmal zu vollziehen, bat ich den Großvater, sich auf den Boden zu legen.

Die Stellvertreterin seiner Tochter, Claudias Mutter, konnte nun zu ihm gehen und sagen: »Ich habe dich sehr vermisst.« Dies löste eine Welle von Traurigkeit beim Großvater und den Frauen aus.

Am Ende des Aufstellungsrituals konnte der Großvater gut neben seiner Frau stehen und sie im Arm halten. Claudia stellte sich vor den Großvater und sagte ihm: »Jetzt sehe ich deine große Liebe«, auch sie weinte dabei.

Es war schön zu erleben, wie sich die Gefühle der Familienmitglieder im Verlaufe des Prozesses verwandelten. Die Krankheit Syphilis konnte nun als zutiefst menschliches und alle verbindendes Schicksal angenommen werden. Die große Erleichterung wurde am Ende des Prozesses von allen anderen Teilnehmern und Teilnehmerinnen in der Gruppe deutlich gespürt.

Claudias Geschichte macht deutlich, wie das Ungelöste in den Familien noch heute auf unsere Beziehungen wirken kann. Claudia fühlte sich in ihrem Leben immer sehr von Männern angezogen, deren Sexualität nicht den moralischen Vorstellungen der Mehrheit entsprach. Ihr erster Mann und Vater ihrer Kinder war bisexuell, was sie zunächst nicht wusste. Dies hatte zu vielen Heimlichkeiten und einigem Leid in der Beziehung geführt. Es ist interessant, dass Claudia dem Thema Sexualität und Abweichung vom Mainstream in ihrem Leben bislang immer wieder begegnete. Viele ihrer männlichen Freunde sind homosexuell. Es wurde ihr nach der Aufstellung bewusst, wie sehr sie mit der früheren Partnerwahl, aber auch mit der Freundschaft zu Menschen, die es in unserer Gesellschaft noch immer nicht leicht haben, ihre Form der Sexualität zu leben, unbewusst ihre Liebe zum Großvater ausdrückte. Es war ihre Art, sich zu verbinden. Das war eine bereichernde Schlussfolgerung für sie. Es gibt viele Möglichkeiten, eine Aufstellung zu deuten. Wichtig ist die Bedeutung, die ihr die Klienten zuschreiben. Diese kann sich auch mit der Zeit wandeln. Bestimmten Aspekten einer Aufstellung kann zu bestimmten Zeiten in der Vermischung mit dem täglichen Leben ein besonderes Gewicht zukommen.

In den Aufstellungen werden wir konfrontiert mit spannenden Lebens- und Liebesgeschichten; wir bekommen in den therapeutischen Prozessen und Ritualen eine Ahnung von den Wirkungen auf die nachfolgenden Generationen. Alte Heimaten werden wieder entdeckt, alte Schuld angeschaut und die Opfer geehrt. Wir verstehen plötzlich die Lebensumstände und das Leid unserer Vorfahren, wir verbinden uns mit ihnen noch einmal in Liebe und lösen uns dann, um freier dem eigenen Weg zu folgen.

Ist der Fluss der Liebe in einer Familie gestört, können wir die verborgene Liebe mit aufstellen und wirken lassen.

Für eine Frau ist es immer gut, sich mit den Müttern und Urmüttern in ihrer Familie zu verbinden. Werden die Ahninnen achtungsvoll angeschaut, schauen auch sie freundlich und sind bereit, der fragenden Klientin Liebe und damit auch ihre Kraft zu schenken. Ein Mann profitiert davon, sich mit der Kraft der Männer in der Väterreihe zu verbinden.

Manchmal ist es in Herzenswunschaufstellungen gut, die Liebe mit aufzustellen: zum Beispiel wenn ein Ereignis oder ein Schicksal, das wir nicht kennen, den Fluss der Liebe in einer Familie versperrt. In einer Aufstellung wird das sowohl von den Stellvertretern, aber auch von der bezeugenden Gruppe im Außen als schrecklich erlebt: Alle Personen in einer Aufstellung scheinen dann in einer schmerzhaften Unverbundenheit zu verharren. Ich habe schon oft beobachten können, dass die hinzugestellte verborgene Liebe diese Starre lösen konnte. Die Liebe öffnet die Herzen aller Mitglieder eines Systems und macht völlig neue Bewegungen und Begegnungen möglich.

## Familiengeheimnisse

Es kommt allerdings auch vor, dass wir trotz umfassender Recherchen nicht wissen, was in einer Familie geschehen ist. Was ist passiert, dass die Liebe nicht mehr gespürt werden konnte? Gibt es ein Geheimnis, das sich dahinter verbirgt und nicht freigegeben wird? Dann haben wir kaum Möglichkeiten, uns die Geschehnisse anzuschauen, und können keine einfache Lösung finden. Ich habe die Erfahrung gemacht, dass es in solchen Fällen auch nicht hilfreich ist, allzu lange zu spekulieren, was geschehen sein könnte. Das kann zu weiteren Beunruhigungen und manchmal zur Hoffnungslosigkeit führen. Ich habe schon erlebt, dass die Vertreterinnen einzelner Familienmitglieder in einer Aufstellung einhellig zu der Frau, die das Anliegen hatte, sagten: »Es ist besser, wenn du nicht weißt, was passiert ist.« Die Stellvertreter spürten in jener Aufstellung, dass etwas Schweres und Verbotenes geschehen war. Dabei machten sie den Eindruck, als wollten sie es hüten bis zum Tode. Das ist schwer auszuhalten für Menschen, die in Not sind und sich von einem alten Konflikt oder Schicksal lösen möchten.

Aber auch wenn ein Familiengeheimnis unser Verständnis erschwert, können wir die Personen, die in einer Aufstellung sichtbar mit dem Geheimnis zu tun haben, achten und uns dann von ihnen abgrenzen. Manchmal ziehe ich hier mit einer Kordel einen Kreis, aus dem der Klient oder die Klientin bewusst heraustreten kann. Die in der Regel schnelle Wandlung der Befindlichkeit kann auch im Leben ein Anker dafür sein, dass wir aus dem Dunstkreis der Geheimnisse und eines seltsam anmutenden Familiengefühls heraustreten können.

Wie schmerzhaft sich Geheimnisse auswirken können und wie sehr sie uns vermittelt über die eigenen Eltern die Energie für ein gutes Leben rauben, erfahren wir in der Geschichte von Sybille. Sie beklagte, dass sie immer wieder in Beziehungen feststeckte, die nicht von gegenseitiger Achtung geprägt seien. Sie fühlte sich besonders von Männern angezogen, die ihr die kalte Schulter zeigten, »Männer, die sich gnädigerweise auf mich einlassen, wenn ich mich sehr abmühe«. Gleichzeitig war einer ihrer ersten Sätze: »Mit den Männern steht und fällt mein Glück.« Sie berichtete, dass auch ihr Vater schon einen Hass auf Frauen gehabt habe, als Kind habe sie seine Abneigung gegen Frauen und Mädchen deutlich spüren können. Frauenhass sei ein altes Thema in der Familie, das nicht nur den Vater betreffe. In der Aufstellung berichtete der Stellvertreter des Vaters von seltsamen Assoziationen, die ihn bedrängten. Er wies darauf hin, dass etwas Schreckliches hinter ihm passiert sei, möglicherweise ein Mord. Sybille dachte darüber nach und lachte plötzlich auf. Ja, es gäbe eine alte Geschichte, die dazu passen könne.

Wir können aus dem Dunstkreis eines Familiengeheimnisses bewusst heraustreten.

Eine Urgroßmutter aus der Linie des Vaters habe ihren Mann nach dem Krieg nicht mehr geliebt, er war behindert, eine Hand fehlte ihm. Sie habe ihn im Krankenhaus abgegeben und gesagt, dass sie ihn nicht wiederhaben wolle. Tatsächlich sei der Großvater dann an Herzversagen gestorben. Nun gäbe es in der Familie den Verdacht, dass die Urgroßmutter dabei geholfen habe.

Wir stellten die Urgroßmutter und ihren Mann mit in die Aufstellung. Es war interessant zu sehen, wie sehr der Mordverdacht mit dem Frauenhass des Vaters in einer bislang unsichtbaren Verbindung gestanden hatte. Wir konnte alle eindrücklich erleben, wie sehr schon nur das Aufstellen dieser Personen eine erleichternde Wirkung auf das gesamte Familienfeld hatte. Es war in der Folge des anschließenden Lösungsrituals befreiend für die Klientin zu erleben, dass die Abneigung ihres Vaters gegen Frauen nicht ursächlich mit ihr zu tun hatte. Nun konnte sie in einem weiteren Prozess – sie suchte sich einen Therapeuten in ihrer Nähe – die leidvolle Geschichte mit ihrem Vater bearbeiten. Erwähnenswert ist noch, dass sie sich schließlich von ihrem Freund, mit dem sie nicht glücklich war, trennte und eine Zeit des Alleinseins auf sich nahm. Auch wenn sie sich noch von einem bestimmten Männertyp angezogen fühlte, konnte sie mit zunehmender Bewusstheit auf vertiefende Begegnungen nach dem alten Muster und damit weitere Verletzungen verzichten.

## Ahnenbilder – Ahnenreihen

Nach einem Aufstellungsseminar kann es sinnvoll sein, die Arbeit mit den guten Kräften aus der Ahnenreihe fortzusetzen. Viele machen das intuitiv, da werden alte Schmuckstücke der Großmütter wieder ausgegraben oder die alte Uhr des Großvaters neu poliert. Andere suchen nach den Gräbern ihrer Vorfahren oder interessieren sich mit wachsender Begeisterung für die alten Geschichten.

Nina Horstmeier, Künstlerin und Theatermalerin aus Kiel, hat sich auf ganz besondere Weise mit ihren Ahnen auseinander gesetzt. Sie malte die Reihe »Ahnenbilder«. Diese Bilder erzählen die Geschichte ihres Prozesses, den sie im Alltag fortsetzte. Ein Jahr nach dem Herzenswunschseminar schrieb sie mir folgenden Brief:

»Das Seminar war für mich eine Art Initialzündung in der Auseinandersetzung mit meiner Familie. In der ersten Zeit hat es mich ziemlich durchgerüttelt. Zuerst kam die Wut, danach die Trauer. Ich habe bei mir zu Hause in einem Ritual meine Ahnen noch einmal um mich gesammelt und um Klärung gerungen. Das war sehr hilfreich und heilsam. So gelang mir, wonach mein Herz sich viele Jahre gesehnt hatte: Frieden in mir, mit meiner Familie, mit den weiblichen und den männlichen Ahnen zu finden. Das war mein größtes Weihnachtsgeschenk. Parallel dazu hatte ich die Idee, diese energetischen Felder, die in deinen Seminaren anschaulich spürbar sind, zu Papier zu bringen. Ich gab diesem Impuls zunächst mit dem Bleistift nach und wurde mir bewusst, dass hier eine kosmische Ordnungsstruktur Gestalt annimmt. Ich wusste, dass aus all diesen Aspekten eine Bilderserie entstehen würde.«

Nach einem Seminar können wir den Dialog mit unseren Ahnen fortsetzen, das schenkt Frieden und Heilung.

Als ich mir die Bilder anschaute, war ich beeindruckt. Die Bilder lassen uns an Ninas innerem Prozess teilhaben. Zunächst malte sie die Ahnen als miteinander verwobene Punkte oder Sterne, die um einen Punkt, Ninas Selbst, in der Mitte kreisen. Nina schilderte mir, wie perplex sie war, als sie feststellte, dass bis zur siebten Generation zurückgerechnet schon 255 Ahnen an ihrem Entstehen beteiligt waren, mehr konnte sie in ihren Bildern nicht unterbringen. Aber sie rechnete weiter. Vierzehn Generationen zurück haben schon 32766 Mütter und Väter zu unserem Genpool beigetragen, weitere sechs Generationen sind es mehr als zwei Millionen Menschen. Nicht mitgerechnet sind hier die in jeder Generation sich verzweigenden Onkel und Tanten, die ja auch einen Einfluss auf uns haben. Sie war erschüttert von dieser Erkenntnis. Was wäre geschehen, wäre nur eine Ahnin eine andere gewesen oder das Rad der Familiengeschichte hätte sich etwas anders gedreht und ein Urururvater wäre in einem bestimmten Moment nicht bei seiner Frau gewesen? Es hätte Nina in dieser Form nicht gegeben. Das klingt wahnsinnig, ist aber eine ganz einfache Rechnung, die auf uns alle übertragbar ist. Nina schaute weiter in die Zukunft, einmal wird sie eine von Millionen UrahnInnen eines anderen Menschen sein, der oder die in der Mitte steht und sich die Fragen seines/ihres Lebens stellt. Die Bilder veränderten sich mit dieser Erkenntnis. Die Mitte – sie selbst – begann mit jedem Bild mehr zu strahlen und verband sich in der Tiefe mit dem Leben der Ahnen.

»Ich darf mich hervorheben, ich darf leuchten«, so strahlt uns ihre Selbsterkenntnis aus ihren Bildern entgegen. In der Folge ihres Prozesses schaut sie heute anders in die Welt, auf ihre Familie und natürlich auch auf sich selbst als Frau.

# *Kleine Rituale der Lösung und Dankbarkeit*

- Intuitiv folgen viele ihrem Bedürfnis nach Verbindung mit den Ahnen und hängen die Bilder ihrer Eltern, Großeltern oder anderer wichtiger Verstorbener auf. Manchmal wird eine kleine Wand oder ein Platz auf der Kommode dafür reserviert. Ohne darüber nachzudenken, tun diese Menschen ihrer Seele etwas Gutes. Indem sie die Menschen achten, die vor ihnen da waren und ihnen das Leben geschenkt haben, wertschätzen sie auch sich selbst.

- Manchmal kann es hilfreich sein, den wohlwollenden Blick auf unsere Ahnen noch zu verstärken und ihnen kleine Kerzen aufzustellen. Das wird in der eigenen Seele wie ein Geschenk erlebt, das dann auf das eigene Leben zurückleuchten darf.

- Wenn schwere Schicksale oder Geheimnisse die Verbindung erschweren, kann es auch gut sein, mit einer Kordel einen Kreis um das Foto oder das Symbol, das wir für die jeweiligen Menschen gewählt haben, zu ziehen. Wir drücken damit aus, dass wir anerkennen, was war, aber auch aus dem Feld heraustreten und unseren eigenen Weg gehen.

- Manchmal gibt es noch Menschen, die etwas erzählen können, wir können mit ihnen Kontakt aufnehmen. Wir können auch alte Grabsteine und die alte Heimat unserer Vorfahren aufsuchen, um uns mit dem Lebensrad und der Kraft unserer Ahnen neu zu verbinden.

# Eltern und Geschwister

## Die ersten Lebens- und Liebesgefährten

Prägend für das spätere Liebes- und Beziehungsleben sind vor allem die Eltern. Wenn wir das Glück haben, mit ihnen in den ersten Jahren unseres Lebens zusammenzuleben, sind sie unsere ersten und wichtigsten Bezugspersonen und damit auch Liebespartner. Kinder brauchen die Liebe ihrer Eltern auf eine ganz existenzielle Weise und sind bereit, alles nur Mögliche zu tun, um sie auch dauerhaft zu bekommen. Die Liebe ist das Band, das sie hält und ihrem Leben einen Entwicklungsrahmen gibt.

Wenn die im letzten Kapitel beschriebenen systemischen Verstrickungen über mehrere Generationen sichtbar gemacht und in einem Ritual gelöst werden konnten, ist das ein großer Anfang. Wenn es in Familien zu solchen Verstrickungen über die Generationen kommt und das Ungelöste von Generation zu Generation weitergegeben wird, gibt es fast immer auch lebensgeschichtliche Ereignisse, die die Beibehaltung dieser Muster unterstützen. Dann waren auch die Eltern betroffen und wiederum verstrickt. Dann konnten vielleicht auch sie das Glück und die den Familien innewohnende Lebenskraft nur eingeschränkt nehmen. Andere wenig förderliche Überlebens- und Liebesmuster entstanden und wurden an die Kinder weitergegeben. Wenn wir diesen Kreislauf in einer Aufstellung anschauen können, stimmt das versöhnlich. Unser Blick gilt dann nicht mehr nur der Schuld, wir sehen dann auch die Bemühung und können uns aktiv mit den guten Vater- und Mutteranteilen verbinden.

Erleben wir die Verstrickung unserer Eltern in einer Aufstellung, beginnt oft ein Prozess der Aussöhnung und Neubegegnung mit den Eltern.

Elternliebe, so selbstverständlich sie uns scheint, hat viele Gesichter. In jeder Familie fühlt sie sich anders an, hier ist sie verknüpft mit der Einhaltung bestimmter Regeln und dort ist sie bedingungslos zu haben. In einigen Familien ist sie umweht von einer stillen Traurigkeit, in anderen kommt sie gerne mit Lachen und Ausgelassenheit daher. Vieles hängt von dem liebenden Feld ab, das die Eltern zwischen sich aufbauen können. Auf dieses Feld wirken die eigene Geschichte, aber auch die vielen Liebes- und Lebensgeschichten der Ahnen. Wie wir in den Aufstellungen sehen, können Eltern mit dem Ungelösten in ihren Herkunftsfamilien verstrickt sein, oder sie sind noch verbunden mit einer früheren Liebe, die sie nicht leben konnten oder durften. Dann haben sie es schwer, dieses Feld optimal zu bestellen oder seine Früchte zu genießen. Und Kinder reagieren darauf. Sie erspüren die Hilflosigkeit, die unbewusste Traurigkeit der Eltern und machen sich selbst dafür verantwortlich.

Ich habe Menschen erlebt, die auch im Erwachsenenalter den eigenen Eltern ihr Schicksal nicht zumuten wollen. Tief innerlich glauben sie nicht, dass diese eine so »grausame« Entscheidung ihrer Kinder überleben könnten. Ich kann mich an eine Familie erinnern, in der vier erwachsene Kinder keine

Partner hatten. Die beiden bereits vierzig Jahre alten Söhne lebten noch bei den Eltern, die beiden Mädchen versuchten ein unabhängiges Leben zu führen. Sie alle aber teilten mit den Eltern ein Lebensgefühl, das von einer unerträglichen Schwere geprägt war, die sich wie eine dunkle graue Wolke über ihr Leben legte.

Manchmal muss in Familien erst etwas Schlimmes passieren, damit die Dinge wieder in den Fluss kommen und nicht alle Mitglieder in einer das Leben erdrückenden Weise verharren.

In der Regel bleiben Kinder bei dem Versuch, das Leben ihrer Eltern zu retten oder das Drama ihrer Eltern zu lösen, erfolglos. Sie machen immer wieder die demütigende Erfahrung, dass sie auf Dauer ihre Eltern wie auch später ihre Partner nicht wirklich verändern können, selbst wenn sie bis zum Äußersten gehen und ihre Liebe gegen die innere Not oder sogar ihren Körper zum Ausleben der Wut ihres Gegenübers zur Verfügung stellen. Diese prägende Erfahrung von Erfolglosigkeit, die manchmal schon in den ersten Lebensjahren erlebt wird, hat einen immensen Einfluss auf das sich entwickelnde Selbstwertgefühl und immer auch auf die späteren Beziehungen.

## Frühe Gewalt- und Missbrauchserfahrungen

Wenn wir uns verlieben, merken wir oft gar nicht, wie sehr unsere Wahl von alten Vater- und Muttergeschichten geprägt ist. Ein bestimmter Blick, eine Geste, kurze Bemerkungen über das Leben haben uns angeregt, genau diesen Menschen toll zu finden und ihn haben zu wollen. Wenn wir später genauer hinschauen, bemerken wir manchmal, wie sich schon rasch die ersten Anzeichen für ein bestimmtes schmerzhaftes

Muster eingeschlichen haben. Diese Anzeichen übersehen wir mit unserem Verstand geflissentlich.

Renate konnte erst nach vielen Jahren Selbsterfahrung erkennen, wie sehr ihre Männerwahl von der Beziehung zu ihrem Vater geprägt war. Ein ganz bestimmter Männertyp zog sie über Jahre besonders an: Lustig und freundlich waren sie am Anfang, aber sie zogen sich auch schnell, in ihren Augen viel zu schnell wieder zurück. Von einem Mann war sie sogar geschlagen worden. Heute weiß sie und kann auch zugeben, dass sie das gewalttätige Verhalten provoziert hatte. Sie wollte gedemütigt und geschlagen werden. Was hatte sie dazu gebracht, ihr Beziehungsproblem auf diese Weise zu lösen oder sogar noch zu verschlimmern? Auch ihr Vater hatte sie schon geschlagen. Er war ein Mann, der lustig sein konnte, fröhlich, immer zu einem Spaß bereit, aber es gab auch viele Momente, in denen er jähzornig wurde und um sich schlug. Renate war oft und völlig grundlos das Opfer seiner Schlägereien. Zur Mutter hatte sie keine gute Beziehung, diese stand ihr in Momenten der Demütigung durch den Vater nicht zur Verfügung. Wir können Renates Geschichte so deuten, dass sie in ihren späteren Liebesgeschichten das alte Muster von Anziehung und Ablehnung vermischt mit Gewalt neu erleben und es zur Not sogar herbeiführen musste, um endlich eine gute Lösung dafür zu finden. Das Ungelöste in ihrem Herzen zeigte sich in der Wahl des Partners, in der Heftigkeit ihres Konflikts in der Beziehung und auch in ihren unbewussten und scheinbar unverständlichen Wünschen, zum Beispiel dem »Wunsch«, gewalttätig behandelt zu werden.

Die Figuren aus der eigenen Familiengeschichte sind die Wortgeber in unserem heutigen Beziehungstheater.

»Ich schaue in einen Spiegel und sehe mich«, konnte Renate irgendwann sagen und sehen, wie sehr die Beziehung zu ihrem letzten festen Partner ihre eigene Kindergeschichte widerspiegelte. Seit mehreren Jahren lebt sie mittlerweile alleine, hat aber immer noch Angst vor neuen Verletzungen. Als unerträglich beschreibt sie den Schmerz, den sie empfindet, wenn ein Mann, in den sie sich verliebt, wieder geht. Auch in diesem Schmerz drückt sich eine alte Erfahrung aus. Wenn der Vater sie schlug und sie seine Liebe verlor, war keine Mutter da, die sie halten konnte. Sie blieb in ihrem Schmerz und ihrem Verlust allein. Diese frühkindlichen Situationen hatte sie wie eine Auslöschung erlebt. Ihre Rettung hätte von der Mutter ausgehen müssen, die aus welchen Gründen auch immer nicht hinschaute. So wird es bei Renate darum gehen, das Mütterliche neu zu besetzen. In einer Familienaufstellung kann die unterbrochene Hinbewegung zur Mutter neu belebt oder in einem weiteren Selbsterfahrungsprozess Mütterliches neu entdeckt und integriert werden. Erst dann wird sich Renate vom alten Muster lösen und sich gefahrlos den Männern nähern können. Geduld aber wird auf ihrem weiteren Weg das wichtigste Gepäck sein.

Wenn Beziehungen zerstörerisch werden oder uns kreuzunglücklich machen, sehen wir selten, wie sehr wir an der Entstehung des leidigen Prozesses beteiligt und selbst verstrickt sind. Wir neigen dazu, die Schuld und Verantwortung auf den Partner oder die Lebensgefährtin zu projizieren. Wir wollen in solchen Momenten lieber glauben, der andere müsse sich nur ändern, dann könnten wir glücklich sein. Das stimmt immer nur halb. Wir übersehen, wie sehr wir den anderen dazu bringen, auf eine bestimmte Weise bis hin zu gewalttätigen Übertritten zu reagieren und damit unsere übelsten Erwartungen zu bestätigen. Arnold Mindell spricht in solchen Fällen von einem psychologischen Feldphänomen. Die eigenen unterdrückten Gefühle, Meinungen, Träume fangen an, im Gegenüber zu leben, der Partner wird dazu »aufgeträumt«, dieses oder jenes zu tun. So kann es passieren, dass Beziehungspartner in einem Konflikt oder in einer Krise auf eine Art regieren, die ihnen selbst fremd vorkommt. Wie sehr Figuren aus der eigenen Familiengeschichte Mitspieler und Wortgeber in einem solchen Beziehungsfeld sind, können nur wir ermessen. Auf Außenstehende kann ein solches Beziehungstheater äußerst unvernünftig wirken, im Innern aber verbirgt sich dahinter eine große Sehnsucht nach Liebe und Glück und das in der Regel bei beiden sich verstörenden Partnern.

Ich habe mehrere Frauen in meinen Seminaren erlebt, die eine äußerst destruktive Beziehung zu einem bestimmten Mann nicht aufgeben konnten. Sie ließen sich demütigen, schlagen, fühlten sich zum Kotzen und konnten den Mann trotz allem nicht gehen lassen. Sie beharrten so auf der Rolle des Opfers und erwarteten von diesen Männern ihre Befreiung. Jeder Freundin hätten sie abgeraten, einen solchen Mann länger anzuschauen. Aber sie selbst konnten kein Ende finden. In all diesen Fällen hatten die Frauen Gewalt oder Missbrauch besonders durch den Vater erfahren. Immer hatten sie sich auch von der Mutter zu wenig geliebt gefühlt, ihnen fehlte der mütterliche Schutz als prägende Erfahrung.

Wenn Kinder und ganz besonders Mädchen Gewalt oder Missbrauch in ihren Beziehungen zu den Vätern erlebt haben, ist das schlimm. Der Frauenbewegung und frauenbewegten Therapeutinnen haben wir zu verdanken, dass dieses Thema heute kein Tabu mehr ist und nicht länger verharmlost werden muss. Diese Mädchen sind schon in frühen Jahren in ein Muster von Schuld, Bestrafung und einer tiefen Sehnsucht nach Liebe und Hilfe verstrickt. Genau dieses Muster zieht sie auch als Erwachsene besonders an. Oft fällt es

Ist in der Kindheit Liebe mit der Erfahrung von Gewalt vermischt, prägt sich das tief ein und beeinflusst auch die heutige Partnerwahl.

schwer, die Not hinter der Partnerwahl von Frauen zu verstehen, die sich wiederholt auf Partner einlassen, die in Konfliktsituationen zu Gewalt und Missbrauch neigen. Aber nur bei diesen finden sie die Mischung aus Gewalt, Liebe und Sehnsucht, die sie von klein auf gewöhnt waren. Bei diesen Männern kann das alte Muster schmerzhaft neu erblühen, bis es hoffentlich irgendwann gelöst wird. Es nutzt dann wenig, dauerhaft mit den Frauen auf die bösen Männer zu schimpfen. Es kann den Frauen nur geholfen werden, wenn sie verstehen, warum sie sich von bestimmten Männern immer wieder angezogen fühlen. Ebenso wichtig kann es sein, zu fragen, was eine Frau tut, damit ein Mann das verhasste Verhalten auch tatsächlich zeigt. Es geht nicht um Schuldzuweisungen, sondern darum, das kleine Mädchen in ihr zu verstehen, das seinen »bösen« Vater zu Vaterliebe und Zuneigung verführen möchte, die es tragischerweise nicht oder nur in kurzen Ansätzen bekommen hat.

Meine Beobachtung ist, dass allen Frauen, die in bestimmten Abschnitten ihres Lebens zu einer solch destruktiven Partnerwahl neigen, die Mutter fehlte, die an ihrer Seite gestanden und sie in ihrem Schmerz getröstet hätte. Deswegen wird es in der therapeutischen Arbeit darum gehen, gute neue Mutterbilder zu integrieren und das kleine sehnsüchtige Mädchen wachsen und zur Frau reifen zu lassen. Hier können gute Therapeutinnen und Therapeuten Vorbilder und Verbündete sein. Es wird keinen besseren Schutz vor Gewalt, Missbrauch und Missachtung geben als einen liebevollen und mütterlichen Umgang mit sich selbst. Das gilt für Frauen ebenso wie für Männer.

## Prozesse der Aussöhnung mit den Eltern

Kurt kam in ein Aufstellungsseminar mit dem Wunsch, lockerer und leichter durchs Leben zu gehen. Er lebte alleine und wünschte sich nach der bereits Jahre zurückliegenden Trennung von seiner Frau und seinen beiden Kindern wieder eine Lebensgefährtin. Er war in seinem beruflichen Leben erfolgreich, wirkte aber im zwischenmenschlichen Umgang und bei der Schilderung seiner persönlichen Geschichte eher hilflos und unsicher. Eine Atmosphäre von Traurigkeit umwehte ihn. Auch hier war es frappierend, wie sehr der erste Eindruck und die Fakten in seiner Geschichte zusammenpassten. Sein Vater trennte sich von der psychisch kranken Mutter, als Kurt fünf Jahre alt war. Während der gesamten Kinderzeit lebte der Vater mit seiner neuen Frau in der gleichen Straße und sprach nie ein Wort mit seinem Sohn. Wenn sie sich begegneten, ging der Vater wortlos an ihm vorbei. Mit der kranken Mutter fühlten sich Kurt und seine Schwester völlig überfordert, die gesamte Atmosphäre beschrieb er als eine zutiefst hilflose. Als sein Vater wieder heiratete, soll eines der Kinder seiner neuen Frau gesagt haben: »Ich bekomme jetzt wieder einen Vater und du verlierst deinen.« Mit dieser tiefen Kränkung blieb Kurt angesichts der hilflosen Mutter völlig alleine. Diese verletzte ihn zusätzlich noch mit der wiederholten Äußerung, dass sie ihn gar nicht habe bekommen wollen. Er lebe nur, weil es mit der Abtreibung nicht geklappt habe.

In der Aufstellung konnte Kurt seinem Vater begegnen und spüren, dass es diesem Leid tat, was er seinem Sohn angetan hatte. Immerhin hatte Kurt den Mut, den Vater nach dem Seminar aufzusuchen. Mehr als zehn Jahre hatte er ihn nicht mehr gesehen. Als Kurt vorfuhr, war sein Vater im Vorgarten seines Hauses und machte ihm die Gartentür auf.

»Kurt«, sagte der Vater nur und fing sofort an zu weinen. Auch Kurt hatte Tränen in den Augen. Im anschließenden Gespräch, bei dem auch die Frau des Vaters anwesend war, wurde zwar nur über Belangloses gesprochen, aber Kurt konnte »seinen Frieden« mit dem Vater machen. Auch mit der Schwester, die er viele Jahre nicht gesehen hatte, nahm Kurt wieder Kontakt auf. Wenn wir das Bild des Familienkörpers nehmen, standen in seiner Familie die einzelnen Mitglieder wie abgetrennte Teile im Raum. Kurts Prozess wird es sein, diese Teile zu suchen und sie wieder zu einem Ganzen zusammenzufügen. Dann kann sich auch in seiner Seele etwas verbinden. Seine Geschichte ist ein Anfang in eine gute Richtung.

Immer wieder beobachte ich, dass sich kurz nach Aufstellungen das Beziehungsfeld in Familien verändert. Da gehen erwachsene Menschen erstmalig auf ihre Eltern zu und sagen ihnen, wie sehr sie sie lieben. Andere suchen nach vergessenen Halbgeschwistern und nehmen sie in ihre Familie auf. In der Aufstellungsarbeit erleben wir hautnah die Verstrickung der Eltern, das macht es trotz großer Versagungen leichter, ihnen zu begegnen und sich mit ihnen zu versöhnen.

Manchmal wissen Menschen nur wenig von der Herkunft und der Geschichte der Eltern, dann können wir mit den Schicksalen, die vor der Zeit passiert sind, nicht arbeiten. Über die anderen Aufstellungen und Prozesse, in denen sie als Stellvertreter für zu früh gestorbene, gefallene und vertriebene Eltern stehen, bekommen sie eine Idee von dem möglichen Schicksal und der Verstrickung der eigenen Eltern. Die versöhnliche und lösungsorientierte Atmosphäre wirkt sich auf alle Familienfelder aus, die in einem Seminar zusammentreffen. Ich habe es auch schon oft erlebt, dass ähnliche Themen und

Als Stellvertreter in anderen Aufstellungen zu stehen kann viel zu eigener Klärung und Lösung beitragen.

Schicksale in einem Seminar zusammenkommen. Als habe man sich auf geheimnisvolle Weise am richtigen Ort und zu einem richtigen Zeitpunkt gefunden, um gemeinsam nach guten Lösungen aus alten Verstrickungen zu suchen.

Britta hatte große Angst vor ihrer Aufstellung. Am ersten Abend weinte sie, konnte aber nicht darüber sprechen. Sie war kurz davor, das Seminar zu verlassen und nicht wiederzukommen. Die gute Atmosphäre in der Gruppe und die vorangegangenen Aufstellungen aber hatten ihr Mut gemacht, sodass sie am nächsten Tag wiederkam und sich mit ihrem Schmerz zeigen konnte. Ihr Anliegen hatte mit Offenheit und Vertrauen zu tun. Sie klagte, dass in der Familie über Gefühle, Befindlichkeiten und Geschehnisse und wie sie erlebt wurden bis heute nicht gesprochen werden darf. So wusste Britta auch ganz wenig über die Geschichte der Familie, die aus der ehemaligen DDR kam. Britta sprach von einem Schleier, einem Gefängnis, das sie heute noch umgebe und ihr das Sprechen schwer mache. Ähnlich ergehe es auch den Geschwistern, von dem autistischen Lebensgefühl in der Familie waren wohl alle betroffen. Inwieweit dieses Verhalten, das im Wesentlichen von der Mutter gefordert wurde, mit Geistern aus der DDR-Zeit oder mit anderen Aspekten deutscher Vergangenheit zu tun hatte, war nicht genau zu ermitteln.

Das alles einnehmende Sprechverbot verhinderte jegliche Auseinandersetzung mit familiärer Geschichte und Vergangenheit. Britta litt sichtlich darunter. Schon im Vorgespräch hatte sie große Probleme, ihr Anliegen überhaupt zu formulieren. Ich musste immer wieder neu nachfragen. So war es auch keine Überraschung, dass sie selbst im Aufstellungsbild keinen Kontakt zur Mutter herstellen konnte. Alle Familienmitglieder fühlten sich einsam und alleine. Verbundenheit und Begegnung waren nicht möglich. Ich stellte eine Teilnehmerin aus der Gruppe als personifiziertes Geheimnis hinter die Mutter und deren Familie. Dies hatte eine sofortige und frappierende Wirkung auf alle Personen im Raum. Einigen standen die Haare zu Berge, fast alle verspürten schlagartig eine eisige Kälte, die sogar von den Beobachtern im Stuhlkreis gefühlt werden konnte. Die Stellvertreterin für das Geheimnis berichtete, wie mächtig und schwer sie sich in diesem System vorkomme. Ich zog mit einer dicken Kordel einen Kreis um die Mutter, ihre Familie und das Geheimnis. Das war erleichternd für Britta und alle anderen, die außerhalb dieses Kreises standen.

Auch wenn diese Atmosphäre des Schweigens, »das Gefängnis«, wie Britta es nannte, jede Wärme und Liebe in dieser Familie zu unterdrücken schien, nahm ich an, dass es auch bei Brittas Mutter einen inneren Teil gegeben hatte, der lieben konnte und lieben wollte. Diesen Teil, den ich »die gute Mutter« nannte, ließ ich von einer weiteren Teilnehmerin vertreten und Britta gegenüberstellen. In der Folge kam es zu einer liebevollen Begegnung mit der Repräsentantin dieser guten Mutter.

»Ich sehe dich jetzt«, sagte die gute Mutter zu ihr. Britta weinte, als sie die Zuneigung und Liebe in den Augen der Frau sah. Interessant war, dass diese Bewegung hin zur guten Mutter eine deutliche Veränderung im »Gefängnis« bewirkte.

»Ich bin nicht mehr so groß und mächtig und habe das Gefühl von etwas, was war und jetzt vorbei ist«, bemerkte die Vertreterin des Geheimnisses nach einer Weile und ließ die Mutter los. Die Vertreterin des Mutterteils, der mit dem Schweigen verbunden war, bewegte sich an den Rand der trennenden Kordel und fühlte sich nun stärker mit dem Geschehen außerhalb des Kreises verbunden.

Brittas Geschichte ist ein gutes Beispiel dafür, wie sehr wir von der Atmosphäre und den Verhaltensgeboten in unseren

Familien geprägt sind. Diese Muster können nicht einfach losgelassen werden, weil die Angst zu groß ist, bei Übertretung nicht mehr dazuzugehören oder ausgeschlossen zu werden. Die Aufstellung war beendet, als Britta gefahrlos sagen konnte: »Mama, jetzt spreche ich, das Schweigen lasse ich bei dir.« Nun hatte sie in das freundliche und offene Gesicht der guten Mutter geschaut und brauchte keine Angst mehr zu haben, ihre Zugehörigkeit zu verlieren.

Wer an alten Mustern festhält, tut das oft unbewusst aus Sorge, sonst die Zugehörigkeit zur Familie zu verlieren.

Es war schön zu erleben, wie bewegend sich die neuen Bilder im Verlaufe des Prozesses entwickelten. Meine Erfahrung ist, dass die Essenz dieser tief erlebten Momente auch noch nach Jahren zur Verfügung steht. In allen Prozessen wird deutlich, dass wir uns besser lösen können, wenn wir die Liebe und auch den Schmerz über das Erlebte wieder spüren und uns mit der Familie, insbesondere den Eltern verbunden fühlen. Wenn die Arbeit mit der guten Mutter nicht möglich gewesen wäre, hätte ich mit einer guten mütterlichen Kraft aus der Familie weitergearbeitet. Britta brauchte die Erlaubnis und die Wärme einer Frau, um das Schweigen zu brechen.

Wir können Familien auch mit Körpern vergleichen, in denen jedes Mitglied die Rolle eines wichtigen Organs übernimmt. Schneiden wir ein Organ weg oder wollen wir uns selbst vom Körper abschneiden und nicht mehr dazugehören, blutet der Körper und dem abgeschlagenen Teil fehlt der Lebenssaft oder die Lebenskraft. Wenn alle Teile in einem guten Einklang sind, dann können die Hände kreativ sein, der Geist darf sprudeln und das Herz lieben.

Es mag erstaunlich erscheinen, auf welche Weise unsere Partnerwahl und unsere Konflikte in Beziehungen und in der Welt mit Kindheitsgeschichten verwoben sind. Manchmal merken wir über Jahre nichts davon, dann auf einmal drängt sich durch eine Krise, eine Affäre, das Ende einer Beziehung oder durch unsere nicht erfüllten Herzenswünsche die Familiengeschichte ins Handgepäck. Jetzt sollten wir hinschauen und Altes neu entdecken. Wandlung und Veränderung stehen an. Wie schön wäre es, könnten wir uns selbst und unseren Erfahrungen gleich freundlich gesinnt sein, uns beobachten und lieb haben in unserem Schmerz. Weinen und hinschauen, lachen und weitergehen, um uns dem nun anstehenden Prozess hinzugeben, das Ungelöste in die Freiheit entlassend, um freudig seine Veränderung und Wandlung zu begrüßen.

## Wenn die Liebe nicht fließen durfte

Unsere inneren Vater- und Mutterbilder sind enorm wichtig für unser späteres Beziehungsleben. Wenn die Liebe zwischen Eltern und Kindern durch Missachtung und Verletzung, frühe Trennungen, Krankheiten und andere Ereignisse unterbrochen war, fehlt uns im späteren Erwachsenenleben etwas ganz Elementares. Im Kern bleiben wir auch als Erwachsene die verletzten und wütenden Kinder, die wir einmal waren, und projizieren diesen Mangel auf unsere Partner und vielleicht sogar die eigenen Kinder.

Bert Hellinger spricht hier von einer »unterbrochenen Hinbewegung«, die in einer Aufstellung angeschaut und bearbeitet werden kann.

Beate kam in ein Aufstellungsseminar, weil sie immer wieder an Männer geriet, die ihre Talente nicht ausreichend wertschätzten. Ihre Beziehungen waren deswegen auch nicht von Dauer. Sie war sauer, während sie sprach, und fühlte sich sehr im Recht. Ich ließ sie eine Vertreterin für sich selbst und einen

Stellvertreter für die Männer in ihrem Leben aufstellen. Manchmal ist es gut zu differenzieren, aber da ihr Anliegen sehr klar war und sie die mangelnde Wertschätzung in jeder Beziehung wiederfand, reichte ein Stellvertreter für das männliche Gegenüber. Die Stellvertreterin von Beate stand mit geballten Fäusten vor dem Mann. Dieser wirkte hilflos und hatte das Bedürfnis, nach hinten auszuweichen. Ich fragte Beate nach der Beziehung zu ihrem Vater und sie erzählte, dass er selten da gewesen sein und sie sich nach seiner Liebe gesehnt habe. Ihr Bruder sei dem Vater immer wichtiger gewesen.

Ich stellte einen Stellvertreter für den Vater in die Aufstellung, ihr gegenüber. Der Vertreter für die Männer in ihrem Leben atmete auf, als er nun am Rand des Kreises einen unbeteiligten Platz einnehmen durfte. Ich stellte die echte Beate ihrem Vater gegenüber. Sie weinte, der Vater aber wirkte eher steif und hilflos. Wenn wir nachfragen, finden wir häufig eine Erklärung in der Familiengeschichte. Was war beim Vater, was machte ihn so hilflos? Sie erzählte, dass der Vater seinen Vater früh verloren hatte. Er war acht Jahre alt, als der Vater starb. Ich ließ einen Mann aus der Gruppe als Vater hinter dem Vater stehen und ihn halten. Der Ausdruck des Vaters veränderte sich schnell. Er lehnte sich an, atmete mehrere Male tief ein und schaute dann auf die Tochter. Beate machte ein paar Schritte auf ihn zu und sagte: »Bitte, Papa, ich brauche dich, bitte nimm mich als deine Tochter.«

Wenn Eltern spüren, dass sie nicht richtig bei ihren Kindern waren, erleben sie das als einen großen Schmerz.

Sie schluchzte, während der Vater sich langsam auf sie zubewegte und sie in den Arm nahm. Auch er hatte Tränen in den Augen. Nach einer Zeit machte der Stellvertreter des Vaters eine Bemerkung, die ich schon oft von Männer in Vaterrollen gehört habe: »Schade, was ich da verpasst habe, wenn ich das früher gewusst hätte ...« Die Stellvertreter haben ein

Gespür für den Verlust und den tief liegenden Schmerz, den Väter haben, wenn sie erkennen, dass sie nicht richtig bei ihren Kindern waren.

Als Beate sich nach einer Weile löste und sich nach den »Männern« umschaute, war der alte Groll verflogen. Sie konnte freundlich auf den Stellvertreter schauen und dieser freute sich stellvertretend für die »Männer«, sie so gelöst zu sehen.

Nicht immer verläuft eine Hinbewegung zu Mutter oder Vater so einfach wie bei Beate. Manchmal sind gravierende Dinge in Familien geschehen und diese müssen zuerst angeschaut und tief verstanden werden, bevor eine Hinbewegung möglich wird. In einem Seminar für Frauen mit Essproblemen arbeiteten wir mit schweren Lebensgeschichten und Kinderschicksalen, die nur langsame und behutsame Lösungsbewegungen zuließen. Eine der Frauen war im Alter von vier Jahren von der Familie getrennt und zu einer todkranken Tante gebracht worden. Diese Tante hatte sich immer ein Kind gewünscht und die Familie wollte ihr vor dem Tod diesen Herzenswunsch erfüllen. Das robusteste Kind, dem man diesen Wechsel zumuten konnte, war Tanja, wie ich sie hier nennen möchte. Tanja gewöhnte sich schnell an das neue Leben und liebte die Tante sehr. Nach wenigen Jahren aber verstarb die Tante und Tanja kam wieder in die richtige Familie. Zweimal hatte man ihr in ihren ersten Lebensjahren einen Elternwechsel zugemutet.

In der Gegenüberstellung mit den Eltern spürte Tanja eine übergroße und kaum zu lösende Wut. Diese Wut ließ sich zunächst nicht in Liebe, sondern eher in ein beginnendes Verständnis verwandeln. Sie konnte beispielsweise langsam die große Liebe ihres Vaters für seine todkranke Schwester sehen. Tanja entschloss sich, an diesen Themen in einer Jahresgruppe weiterzuarbeiten.

Eine andere Frau aus dem gleichen Kurs war als eineinhalbjähriges Kind für ein Jahr in ein Heim gegeben worden, weil die Mutter sie wegen einer lebensgefährlichen und ansteckenden Krankheit nicht versorgen konnte. Auch hier war die Sehnsucht nach Liebe ins Unermessliche gestiegen, was sich in der späteren Sucht nach Nahrung und Essen ausdrückte. Solche tiefen Entbehrungen in der frühen Kindheit haben auch einen großen Einfluss auf das Leben dieser Menschen in ihren späteren Beziehungen.

Es muss aber gar nicht so gravierend sein, wie in den letzten beiden beschriebenen Geschichten, auch kürzere Krankenhausaufenthalte der Mutter oder der Kinder können den Fluss der Liebe schmerzhaft und noch für den späteren Erwachsenen spürbar unterbrechen. Vieles hängt davon ab, wie die Eltern den Schmerz der Trennung aufgefangen haben.

Versperren Wut und Ärger den Fluss der Liebe zu den Eltern, aus welchen Gründen auch immer, werden die dahinter verborgenen Wünsche und Sehnsüchte in der Regel auf spätere Partner projiziert. Wir verlangen dann etwas von unseren Lebensgefährten, was diese uns nicht geben können. Wenn wir nicht merken, dass hier eine emotionale Verwechslung vorliegt, kann das zu wiederholten Trennungen und Krisen führen.

Wenn wir wütend sind auf Eltern, wenn wir sie lange und anhaltend nicht sehen und keinen oder einen schlechten Kontakt zu ihnen haben, ist das kein Zeichen von Trennung und Ablösung, sondern eher ein Zeichen dafür, dass unser inneres Kind noch nicht loslassen und sich noch etwas holen will. Wenn wir uns noch einmal mit den Eltern verbinden, sagen, was uns gefehlt hat, trauern um das nicht Erfüllte, werden wir frei und können unbeschwerter ins eigene Leben gehen. Dann sind auch

Eine offene Neubegegnung mit unseren Eltern kann uns freier und unbeschwerter machen.

unsere Partner erleichtert, wenn sie so sein dürfen, wie sie sind, und nicht länger Mutter- und Vaterteile für uns übernehmen müssen.

In der Regel reicht eine Aufstellung, in der eine Hinbewegung zu den Eltern rituell möglich wird, nicht aus, das neue Band auch im Leben zu integrieren. Bei gravierenden Störungen in der Beziehung zu den Eltern ist es hilfreich, sich einem weiteren therapeutischen Prozess zu überlassen. Eine Aufstellung kann hier ein Anfang in eine gute und hilfreiche neue Richtung sein.

## Frauenbilder – Männerbilder in Familien

Verena war fünfzig Jahre alt und lebte schon mehr als zehn Jahre ohne Partner, als sie ein Herzenswunschseminar bei mir besuchte. Sie wollte nicht länger alleine sein und wünschte sich wieder eine Beziehung. Gefühle von Einsamkeit zogen sich durch ihr Leben. Ihre Mutter hatte sich das Leben genommen, als Verena sechzehn war; solange sie zurückdenken konnte, war die Mutter depressiv gewesen. Verena bemerkte traurig, dass sie weder ein glückliches Bild von der Mutter, aber auch sonst kein positives Frauenbild habe. Verena hatte einen sehr strengen Vater. Er verachtete die Mutter für ihr psychisches Leiden und lehnte die Familie der Mutter ab. Insbesondere über die Frauen, von denen einige ein sinnliches Leben mit wechselnden Partnerschaften geführt haben sollen, sprach er schlecht.

Verena wusste von der Mutter, dass sie vor ihrem Vater einen anderen Mann geliebt hatte, die Liebe aber war sehr unglücklich zu Ende gegangen. Möglicherweise stand ihre Depression damit in einem engen Zusammenhang.

In der Aufstellung war es für Verena schwer, zu ihren Eltern, insbesondere zu der Mutter Kontakt aufzunehmen. Die Stellvertreterin von Verena fühlte sich sehr allein. Der Seelengefährte stand außer Reichweite, ein Kontakt war auch in diese Richtung nicht möglich.

Ich ging einer Hypothese nach. In diesem Feld fehlten die Frauen auf der Seite der Mutter. Von diesen könnte eine gute Energie ausgehen. Ich stellte die Mutter und die vom Vater abgelehnte »lebensfreudige« Schwester und eine Tante der Mutter mit ins Bild. Es war angenehm zu spüren, wie sich die Energie im Raum veränderte, die Mutter wirkte weniger depressiv und Verena war nicht mehr allein. Ich ließ die Frauen mit der Mutter einen Kreis um Verena schließen und fragte sie, welche guten Wünsche und Geschenke sie für die Jüngere bereithalten. In solchen Momenten verlasse ich mich auf die Intuition der Stellvertreterinnen aus der Gruppe. Sie wirkten alle sehr wohlwollend und machten den Eindruck, als hätten sie schon lange auf diesen Vorschlag gewartet. Sie wünschten Verena ganz viel Glück und ein reiches Leben, schenkten ihr kleine Steine und Blumen und andere symbolische Gegenstände, die sich im Seminarraum befanden. Verena fühlte sich aufgebaut und auch noch Wochen nach dem Seminar sehr von diesen Gesten genährt. Sie hatte Kontakt mit einer wichtigen Frauenseite in ihrer Familie aufgenommen. Das Lebensgefühl der Mutter hatte die Vitalität und Lebensfreude, die zu diesem Teil der Familie gehörten, überschattet.

Zu einem späteren Zeitpunkt vervollständigte sie die Arbeit, indem sie sich mit der Vaterseite auseinander setzte. Als Anliegen äußerte sie, dass sie sich noch einmal die Hindernisse anschauen wolle, die jetzt noch zwischen ihr und dem Wunschpartner stünden. Sie spürte sehr deutlich, dass sie sich noch etwas anschauen musste, auch wenn sie am Anfang noch nicht wusste, um was es genau ging. Im Vorgespräch wurde sehr deutlich, dass der strenge Vater noch hinderlich in ihrer Seele herumspukte. Sie fühlte sich noch zu sehr an die Regeln und Gebote des Vaters gebunden. Er hatte insbesondere der lebenslustigen Verena jeden Ausdruck von Sinnenfreude und Lebenslust verboten. Sie sollte nicht so werden wie die weiblichen Verwandten der Mutter. Verena stellte sich selbst, den Vater und den zukünftigen Seelengefährten auf. Der Vater stand zwischen seiner Tochter und dem Mann und äußerte, dass er Verena nicht freigeben werde. Es ist beeindruckend, wie sich hier die lebensfeindliche Vaterfigur, die Verena verinnerlicht hatte, in dem äußeren Aufstellungsbild entfaltete. Nachdem sich die inneren Bilder der Frauen und Mütter verändert hatten, mussten auch der Vater und sein strenges Regelwerk verabschiedet werden.

Verinnerlichte Vater- oder Mutterfiguren bestimmen oft so lange unser Leben, bis wir sie im Guten verabschieden können.

Die Stellvertreterin von Verena fühlte sich im ersten Aufstellungsbild gefangen, wie in einem Brunnenschacht stehend, und sagte zu ihrem Vater: »Bitte, lass mich los!«

»Ich fühle einen Schmerz in der Brust und möchte sie nicht loslassen«, sagte der Stellvertreter des Vaters. Erst als wir die Familie des Vaters dazustellten, konnte der Vater einen Schritt aus Verenas Leben heraustreten.

Ich ließ Verena noch einmal zu ihrem Vater gehen. Meine Idee war, wenn sie ihm noch einmal mit ihrer ganzen Liebe und Verzweiflung gegenübersteht, kann sie besser gehen und er sie eher loslassen.

»Vati, ich brauche deine Liebe und Fürsorge«, sagte sie. Der Vater war berührt und nahm ihre Hände in seine.

»Ich habe dir gegeben, was ich dir geben konnte«, bemerkte er kurz danach traurig und konnte sie wenige Minuten später loslassen. Verena schaute zum Wunschpartner hin, sie war immer noch unsicher und deutete an, dass sie sich ohne die Erlaubnis des Vaters nicht in die Richtung bewegen könne.

Sie fragte nach einer Weile schließlich ihren Vater: »Darf ich?«

Der Vater begann zu lachen und freute sich: »Du musst alleine dort hingehen.« Das Bedürfnis, sie zu halten, war verschwunden. Verena konnte auf ihren Seelengefährten zugehen und sich mit ihm ins eigene Leben drehen. Die Stellvertreterin für die Familie des Vaters war glücklich über den Verlauf des Prozesses. Eine zunehmende Freude drückte sich auch in der Gruppenatmosphäre aus. Die letzten Minuten und Worte des Rituals wurden vom fröhlichen Lachen der Gruppenmitglieder übertönt.

Diese letzte Aufstellung von Verena dauerte inklusive Vorgespräch ungefähr eine Stunde. Zwischen den einzelnen Bewegungen gab es immer wieder prozessbedingte Wartezeiten, die gemeinsam überstanden werden mussten. Auch wenn es in der Beschreibung so klingt, als habe der Vater seine Einstellung plötzlich geändert, war die Verwandlung seiner Gefühle gegenüber der Tochter eingebunden in einen bewegenden Prozess und es brauchte immer wieder Zeit, bis eine nächste Bewegung möglich war.

Es mag seltsam klingen, dass eine fünfzigjährige Frau ihren Vater, gespielt von einem vierzigjährigen Gruppenmitglied, fragt, ob sie zu ihrem Wunschmann hinschauen darf. Im Prozess selbst ist deutlich, dass sie in diesem Moment wieder die Tochter ist, die das Wohlwollen ihrer Eltern und in diesem Prozess die Liebe des Vaters braucht, um erwachsene Schritte zu gehen. Es kommt selten vor, dass sich Menschen schämen, diese kindliche Seite zu zeigen. Wenn dem so ist, lasse ich die Stellvertreter als kindliches Selbst im Bild und stelle die realen Personen als erwachsenes Selbst dazu. In der Regel bekommen sie ganz schnell ein Herz für das kleine Mädchen oder den kleinen Jungen, das/der sich in ihnen rührt und im Aufstellungsbild seine Gefühle zeigen darf.

Verena hatte die Regeln und Verbote des Vaters so stark verinnerlicht, weil sie sich nicht ablösen durfte. Die Angst, auch den Vater zu verlieren, musste angesichts der depressiven Mutter, die aus dem Leben gegangen war, zu groß erscheinen. Wahrscheinlich hat die depressive Mutter schon lange vor ihrem Freitod nicht mehr richtig zur Verfügung gestanden, so war die Liebe des Vaters überlebenswichtig geworden und eine zeitgemäße Ablösung von ihm konnte nicht erfolgen. Verena hat dafür einen hohen Preis gezahlt und ihre eigenen Wünsche und Bedürfnisse viele Jahre nicht gelebt.

Verena berichtete kurz nach dem Aufstellungsseminar, dass sie erste Veränderungen spüre. Sie fühle sich sicherer und freier und könne jetzt ganz anders auf Männer zugehen.

Ungelöste Elternbilder wiegen besonders schwer, wenn Eltern früh verstorben sind oder sich das Leben genommen haben. Ablösungsschritte können dann nur mit großer Angst vollzogen werden. Manchmal zeigt sich auch eine nicht zu stillende Sehnsucht nach dem toten Elternteil, die in Partnerschaften hineingetragen wird. Wir haben ja schon im letzten Kapitel gesehen, welche Folgen das für die weiteren Generationen, aber auch für das eigene Leben haben kann.

## Wenn Eltern und Geschwister zu früh sterben

Einmal kam eine Frau zu mir, die von ihrem Mann verlassen worden war und noch nach mehreren Jahren eine tiefe Verzweiflung und Traurigkeit darüber verspürte. Wenn wir Menschen verabschieden, müssen wir uns auch irgendwann von dem Schmerz lösen. Das konnte sie nicht.

Im Alter von zehn Jahren hatte sie ihren Vater verloren, er war einer lebensgefährlichen Erkrankung erlegen. Die Mutter war in der Folge depressiv geworden und hatte nicht mehr richtig als Mutter zur Verfügung gestanden. So war sie mit ihren Brüdern viel allein gewesen. Herkunfts- und Gegenwartsgeschichte ähnelten sich. Nachdem ihr Mann gegangen war, lebte sie alleine mit ihren Söhnen. Thema der Aufstellung war eine alle anderen Gefühle überschwemmende Begegnung mit dem Vater. Wahrscheinlich hatte es für das zehnjährige Mädchen keine angemessene Möglichkeit des Trauerns über den Tod des Vaters gegeben. Bestand doch die Gefahr, dass die Mutter auch gehen oder zusammenbrechen würde. Die Sehnsucht nach dem Vater und der Schmerz über seinen Verlust waren noch so stark, dass sie sich in der eigenen Trennungsgeschichte neu ins Leben drängten und bearbeitet werden mussten.

Zu früh verstorbene Eltern und Geschwister brauchen einen guten Platz im Herzen der Lebenden und ihren Familien.

Manchmal kann eine Sehnsucht so stark sein, dass wir Eltern oder anderen wichtigen Bezugspersonen in den Tod folgen wollen. Mehrere Jahre nach dieser Aufstellung erfuhr ich, dass die Frau von einem Tag auf den anderen ohne körperliche Ursache verstorben war. Ich erinnerte mich, wie sich die drückende Sehnsucht nach dem Vater im damaligen Aufstellungsbild zeigte. Möglicherweise stand ihr plötzlicher Tod mit Krankheit und Tod des Vaters und der Sehnsucht nach ihm in einem engen Zusammenhang.

Zum Familienfeld gehören die Geschwister unbedingt mit dazu. Auch sie spielen Rollen im System und sind für immer mit uns verbunden – ob wir uns gut miteinander verstanden haben oder nicht. Zu den Geschwistern zählen auch Halbgeschwister und früh verstorbene Brüder und Schwestern, die wir oftmals gar nicht kennen.

Wenn Kinder und Jugendliche sterben oder weggegeben werden, wird das von den Geschwistern als ein großer Verlust erlebt, selbst dann, wenn sie die Schwester oder den Bruder nicht einmal kannten. Es kann sein, dass Geschwister, ohne es zu merken, den Platz an ihrer Seite für das verlorene Familienmitglied hergeben. Ein Teil ihres Herzens ist an den geliebten Menschen gebunden und für spätere Partnerschaften nicht ganz frei. Zur Adoption weggegebene Geschwister und andere Halbgeschwister, deren Existenz von Geheimnissen, Schuldgefühlen, nie gestellten Fragen und unterdrückter Trauer umnebelt sein kann, wirken ebenfalls ins spätere Liebesleben hinein. Ich glaube zutiefst, dass alle Mitglieder einer Familie die Irritation, die aus versteckten, verborgenen und nicht gelebten Gefühlen herrührt, spüren können. Manchmal finden sie in Beziehungskonflikten und Krisen ihren unerkannten Niederschlag.

Auch hier können sich das Ungelöste aus verworrenen und unklaren Familienverhältnissen und die Art und Weise des Abschieds und der Trauer von einem verstorbenen Familienmitglied auf die späteren Beziehungen auswirken. Sehnsuchtsmuster, die mit der Trauer um verlorene Geschwister im Zusammenhang stehen, erfüllen sich möglicherweise in einem späteren ungewollten Singledasein oder werden auf spätere Beziehungen übertragen.

In Herzenswunschaufstellungen, in denen es um Einsamkeit, Partnerschaft und die Suche nach einem Lebensgefährten geht, kann es heilsam sein, Halbgeschwister und verstorbene Geschwister anzuschauen und ihnen einen guten Platz im Herzen der Familien zu geben.

»Ich fühle mich häufig nicht liebenswert, ich muss immer so kämpfen«, begann Christiane mit ihrer Erzählung. In Partnerschaften kommt es mit dieser Einstellung immer wieder zu Krisen. Von dem Vater ihrer beiden Kinder hatte sie sich nach acht Jahren getrennt. In der Familie ist sie nach zwei Brüdern das dritte Kind, wird aber als die Stärkere angesehen. Zu ihrem fünften Geburtstag äußerte sie einen ungewöhnlichen Wunsch. Sie wollte ins Krankenhaus gehen, damit sich endlich einmal jemand um sie kümmere. Hinter dieser Bemerkung verbarg sich, wie wir im weiteren Verlauf sehen werden, ein übernommenes Gefühl. Es gab in ihrem Gegenwartssystem noch weitere Personen, um die sich der Vater nicht mehr gekümmert hatte. Mit zum System gehörten noch ein behinderter Halbbruder und dessen Mutter, die der Vater noch vor der Geburt seines Sohnes wegen der schon bestehenden Beziehung zur Mutter von Christiane verlassen hatte. Letztendlich eine deutsch-deutsche Geschichte. Der Vater war in den Westen geflohen und hatte dort bei einer Frau gelebt, ihre Hilfe in Anspruch genommen und mit ihr ein Kind gezeugt. Als seine Geliebte, die spätere Mutter von Christiane, auch den Weg in den Westen fand, verließ er die schwangere Frau und gründete mit der anderen eine Familie. Christiane hat ihren Halbbruder und dessen Mutter nie kennen gelernt.

In der Aufstellung zeigte die Stellvertreterin von Christiane ein großes Interesse für den Halbbruder und schaute immer wieder hin. Die Brüder äußerten Schuldgefühle gegenüber der Frau und dem Halbbruder. Als ich Christiane einlud, sich vor den Halbbruder und seine Mutter zu stellen, brach sie sofort in ein lautes Schluchzen aus.

»Du bist mein Bruder und gehörst dazu«, sagte sie zu ihm. Der Bruder schaute sie freundlich an. »Ich habe bekommen, was du nicht haben konntest. Ich denke manchmal, ich bin es nicht wert, nicht mehr wert als du«, fügte sie hinzu und beruhigte sich langsam. Zur Mutter des Bruders sagte sie weinend: »Ich kann doch gar nichts dafür.« Hier wurde deutlich, wie sehr Christiane sich schuldig fühlte; aber nur der Vater kann das lösen. Er

Verantwortung, die wir als Kinder für unsere Eltern übernommen haben, kann wieder zurückgegeben werden.

und die Frau müssen die Verantwortung für das Geschehene tragen.

Christiane stellte sich zur Mutter und zu den anderen Brüdern, ihr Vater stellte sich vor den Sohn und die Frau und übernahm im weiteren Prozess die Verantwortung für die Entscheidung, die er damals getroffen hatte. Der Schmerz des Halbbruders über den Verlust des Vaters, der in diesem Teil der Aufstellung sichtbar wurde, berührte alle Mitglieder der Familie.

Später stellten sich alle Geschwister in eine Reihe, auch der Halbbruder und der verunglückte Bruder, der sein Leben bei einem Unfall verloren hatte, als Christiane fünfzehn Jahre alt war. Ein tiefer Schmerz bewegte Christiane, als sie ihrem toten Bruder begegnete und ihm einen Platz in ihrem Herzen gab.

Am liebsten würden wir den Tod und den damit verbundenen Schmerz aus unserem Leben ausklammern. Wenn Eltern oder Kinder zu früh sterben, ist das nur bei angemessener Trauer gut und in einer das Leben bereichernden Weise zu bewältigen. In manchen Familien werden der Tod eines Familienmitglieds und die aufkommenden Trauergefühle einfach verdrängt. Der Schmerz und die verbindende Liebe wandern ins Abseits, Sprachlosigkeit und ein Verlust an Liebe zwischen den Familienmitgliedern können eine der Folgen sein.

Ich habe Aufstellungsprozesse erlebt, in denen tote Geschwister wie Türöffner für die Liebe wirken, die in den Familien nicht mehr gefühlt und gelebt werden darf. Sabine kam mit ihrer »Suche nach der verlorenen Liebe« in ein Herzenswunschseminar. Sie lebte seit mehreren Jahren allein, in Beziehungen zu Männern nahm sie immer wieder eine selbstzerstörerische und abhängige Position ein, die sie auf Dauer nicht glücklich werden ließ.

Sabine hatte ihre ein Jahr jüngere Schwester an Leukämie verloren, als sie fünf Jahre alt war. Sie war mit dieser Schwester wie mit einer Zwillingsschwester aufgewachsen. Über ihren Tod wurde nach der Beerdigung nicht mehr gesprochen. Trauer und Verarbeitung der schmerzlichen Verlusterfahrung waren so nicht möglich. Die Mutter antwortete auf Fragen nicht, Sabine blieb mit ihren Gefühlen alleine, ihr Flehen nach Liebe wurde nicht mehr gehört, bis heute ist das so geblieben.

Sie stellte die tote Schwester, die Eltern und sich selbst auf. Die Begegnung mit der Schwester, die Sabines Stellvertreterin schon im ersten Aufstellungsbild ganz nahe stand, war sehr bewegend. Ich ließ Sabine schnell in die eigene Rolle gehen. Sie wurde sogleich von einem tiefen Schmerz um die verlorene Schwester überwältigt. Ich bat die Stellvertreterin der Schwester, sich hinzulegen und Sabine in den Arm zu nehmen. Jetzt konnte Sabine die nicht gelebte Trauer um die Schwester nachholen. In diesem Bild fand die verlorene Liebe und Sehnsucht ihre Erfüllung. Sie schluchzte und weinte laut und zeigte das erste Mal ihren großen Schmerz und ihre Liebe für die Schwester.

Die Stellvertreterin der Mutter ließ sich von den Gefühlen der Töchter nicht berühren, nur der Vater äußerte den Wunsch, zu seinen Kindern zu gehen. Auch er war sehr traurig und bewegte sich langsam auf die beiden Töchter zu. Sabine schaute auf und sah sich nach der Mutter um.

»Meine Mutter ist mit meiner Schwester gestorben. Sie hat eine Mauer gebaut und uns nicht mehr zu sich hineingelassen, schade«, bemerkte Sabine bedauernd, aber auch mit einem großen Verständnis für die Mutter, die für sie und die beiden anderen lebenden Geschwister nach dem Tod der Tochter nicht mehr richtig da war.

Jetzt konnte Sabine noch ein weiteres Thema ansprechen: Ihre große Todessehnsucht, die sie seit Jahren in sich trug.

Jetzt konnte sie verstehen, dass sich ihre Sehnsucht nach der Schwester darin ausdrückte.

Im letzten Aufstellungsbild standen die Geschwister mit der toten Schwester in einem Kreis, die Eltern blieben an der Seite und beobachteten die Kinder. Beim Anblick des älteren Bruders, zu dem sie schon lange keinen Kontakt mehr hatte, fing Sabine an zu lachen. In jenem Moment kam es ihr vor, als habe sie ihn noch nie richtig gesehen.

»Ich habe mir immer einen großen Bruder gewünscht und nicht gemerkt, dass ich schon einen hatte«, sagte sie und lachte wieder. Sie sah sehr schön aus mit diesem Lachen, ich teilte ihr meine Beobachtung mit. Da erinnerte sie sich, dass sie oft ein Glucksen und ein Lachen in sich verspürte, es aber nur selten ausdrücken konnte. Zum Leben gehört alles dazu, das Traurige, aber auch die Freude. Und alles sollte einen guten Platz in Familien und Beziehungen haben dürfen.

Einen Tag nachdem ich diesen Text schrieb, rief mich Sabine an, um sich für die nächste Jahresgruppe einzutragen. Sie wollte gerne weiter an ihren Themen arbeiten. Sie erzählte: »Nach der Aufstellung ist bei mir massiv etwas in Bewegung gekommen. Ich habe immer das Gefühl gehabt, einen dicken Klumpen in der Magengegend zu haben. Der hat sich wie in Luft aufgelöst. Ich fühle mich jetzt viel freier und glaube, dass ein ganz dicker Stein aus dem Weg geräumt ist.«

Tote Geschwister, mit denen wir uns wieder verbinden, können Türöffner für die Liebe sein.

Für Sabine war das Wochenende auf dem Osterberg der Türöffner in ein freieres und weniger belastetes Leben. Sie freut sich auf das Leben und ihre Zukunft.

Häufig zeigen sich Zusammenhänge und Lösungen, die für die Klienten überraschend sind. So war es auch Elisa, einer dreißigjährigen Frau, ergangen, die sich an keinen Mann fest binden konnte und seit zwei Jahren auf Partnersuche war. Sie glaubte an ihre Zwillingsschwester so sehr gebunden zu sein, dass sie sich nicht lösen und eine Partnerschaft eingehen könne. Außerdem hatte sie ein Problem mit dem Lebensgefährten ihrer Schwester. Auch das wollte sie lösen.

In der Aufstellung ergaben sich jedoch Hinweise für eine völlig andere Dynamik. Ihre Stellvertreterin war viel stärker auf den Vater konzentriert und konnte sich von diesem nur schwer trennen. Was war mit dem Vater? Elisa erzählte von einem schweren Unfall vor mehreren Jahren, in dessen Folge der Vater beide Hände verloren hatte. In der Aufstellung wurde Elisa bewusst, wie sehr sie das Gefühl hatte, als Unterstützerin nah bei den Eltern bleiben zu müssen.

»Ich darf meine Eltern nicht alleine lassen«, diesen Satz trug sie in sich, jetzt wusste und spürte sie, was sie unfrei gemacht hatte. Im anschließenden Ritual konnte sie sich vor der Schwere des Schicksals, das ihr Vater und damit auch die Mutter durchlitt, verneigen und es bei den Eltern lassen.

Kürzlich sprach ich mit Elisa über die Wirkungen nach der Aufstellung. Sie berichtete, dass schon die erste Begegnung mit den Eltern eine andere gewesen war. Die Gespräche waren nicht länger von der Schwere getragen, wie sie es kannte. Sie fühlte sich auch tatsächlich nicht mehr so verantwortlich, das Los ihrer Eltern zu erleichtern, andererseits konnte sie jetzt die Sichtweisen ihrer Eltern viel besser verstehen. Auch die anderen Familienmitglieder konnte sie so annehmen, wie sie sind. Sie haderte nicht mehr mit dem Freund ihrer Schwester und konnte sich von der Zwillingsschwester besser »abnabeln«, wie sie es nannte. Ein halbes Jahr später lernte Elisa einen Mann kennen, mit dem sie heute glücklich zusammenlebt. Sie ist fest davon überzeugt, dass sie mit der Aufstellung einen wesentlichen Schritt auf ihren Seelenpartner zumachen konnte.

## An Höfe und alte Werte gebunden

Von Bedeutung kann auch sein, dass Elisa auf einem landwirtschaftlichen Hof aufgewachsen ist, den ihre Eltern früher noch bewirtschafteten. Ich konnte in Aufstellungen häufig beobachten, wie sehr Höfe binden können. Ist keine Schwiegertochter da, übernimmt oft eine Tochter die Rolle der Versorgenden, wenn Eltern alt oder krank werden. Das klingt nach alten Heimatfilmen und Romanen, es ist aber immer wieder spannend zu erleben, wie die alten Muster noch ins heutige moderne Leben hineinwirken können.

Auch die soziale Herkunft oder der berufliche Rahmen der Eltern kann für das Glück in Beziehungen eine Rolle spielen. Besonders in Familien, die aus der Landwirtschaft kommen, konnte ich eine übergroße Bindung an Familientraditionen und Werte beobachten, die sich von vernünftigen Überlegungen und modernen Einstellungen selten beeindrucken lassen. Solange sie unbewusst bleiben, wirken sie unkontrolliert ins eigene Leben hinein. Hier haben es zum Beispiel Mädchen nicht leicht, wenn sich der Sohn und Nachfolger nicht einstellen will. Dann versuchen Töchter ihre Väter mit männlichen Attitüden zu beglücken oder fühlen sich nicht frei in der Wahl ihrer Partner. Der Bindungsdruck in manchen Familien ist so stark, dass Kinder eigene Perspektiven opfern, um den Eltern gerecht zu werden. Sie übernehmen vielleicht einen Hof, der viel zu klein ist, um damit zu überleben, und opfern dafür andere Lebensmöglichkeiten. Das klingt unvernünftig, die modernen wirtschaftlichen Überlegungen sind aber als handlungsleitende Information im Herzen des Familiensystems noch nicht gespeichert. Was über Jahrhunderte den Zusammenhalt und das Überleben einer Familie garantierte, lässt sich nicht so leicht abschütteln.

Was über Jahrhunderte das Überleben einer Familie garantiert hat, lässt sich nicht leicht abschütteln.

Ich bin überzeugt, dass in solchen Fällen nicht nur Eltern Überholtes vermitteln und ihren Kindern fälschlicherweise einbläuen, sondern dass diese Höfe wie ein morphisches Feld wirken, in dem alle wichtigen Erfahrungen gespeichert sind und die von allen Mitgliedern abgerufen werden können. Wer Zugehörigkeit nicht verlieren möchte, erspürt die alten Notwendigkeiten und bemüht sich, sein Leben wenn auch unbewusst darauf einzustellen. Da wirken alte Vorstellungen über das, was recht ist, mehr als moderne und noch nicht integrierte wirtschaftliche Entwicklungen. Die moderne Entwicklung mag Loslassen verlangen, das aber ist für Menschen, die viele Generationen auf dem gleichen Land zugebracht haben, nicht so schnell möglich. Kinder spüren die Trauer ihrer Eltern um den bevorstehenden Verlust und den Beginn einer neuen Zeit. In einer Aufstellung bekommt der Hof manchmal einen eigenen Platz. Er wirkt wie ein Familienmitglied, das man nicht leichtfertig verlassen darf.

Ich erinnere mich an eine Frau, die die Nachfolge auf dem elterlichen Hof antreten sollte, sich aber in einen Winzer im Süden Deutschlands verliebt hatte. Sie führte mit ihm eine Fernbeziehung. Was durfte nun wichtiger sein, der veränderte eigene Lebensentwurf oder die Wünsche der alten Eltern? Veronika war als älteste Tochter, einen Sohn gab es nicht, schon immer für die Übernahme des Hofes vorgesehen gewesen. Diesen Lebensplan hatte Veronika selbst so tief verinnerlicht, dass man genau genommen nicht mehr zwischen Elternwünschen und ihren eigenen Vorstellungen trennen konnte. Es gab zwar moderne Erwägungen, dass der Hof nach dem Ableben der Eltern mithilfe einer Kooperation erhalten werden könne, dennoch fiel es Veronika sehr schwer, sich auf den Partner einzulassen und die Region zu verlassen. Schon jetzt arbeitete sie als Agraringenieurin in einem anderen landwirtschaftlichen Unternehmen. Wenn andere Sommerurlaub machten, half sie im elterlichen Betrieb.

Veronika stellte den Hof, ihren Freund und sich selbst auf. Die Stellvertreterin von Veronika bemühte sich, den Abstand zu Hof und Freund gleich zu halten, also keinen von beiden zu begünstigen. So ist eine Partnerschaft natürlich schwer zu leben. Im Verlaufe des Prozesses stellten wir die Eltern zu dem Hof, zwei mögliche Kinder stellten wir als familiäre Perspektive zu Veronika und ihrem Freund. Jetzt konnten die Eltern sie weggehen lassen. Die Stellvertreterin für den Hof hatte von Anfang an kein Problem damit, vielleicht weil spürbar war, dass die Belange des Hofes, egal wie Veronika sich entscheiden würde, in jedem Fall ausreichend berücksichtigt würden.

Als Veronika entschlossen ihren Eltern gegenübertrat, den Freund an ihrer Seite, und bestimmt sagte, dass sie den Hof übernehmen werde, aber auch als Frau zu ihrem Mann geht, konnten die Eltern sie gut gehen lassen.

Mir war während der Aufstellung aufgefallen, dass Veronika wie eine Chefin neben ihrem Mann stand. Sie wirkte sehr groß und bestimmend an seiner Seite. Ich fragte sie, ob sie einmal etwas Neues ausprobieren wolle. Sie nickte. Ich ließ sie die Seite wechseln, der Mann legte den Arm um sie und sie lehnte sich bei ihm an. Veronika war beeindruckt von der schnellen Veränderung. Die Haltung im Arm ihres Partners löste ein für sie ungewohntes, aber sehr angenehmes Gefühl von Geborgenheit aus, das sie nicht kannte. Sie nahm sich fest vor, es auch im Leben einmal auszuprobieren.

In einem Nachgespräch berichtete sie, dass es ihr viele Tage nach der Aufstellung sehr gut gegangen sei. Sie habe eine Ruhe und einen Frieden in sich gehabt »wie noch nie«. Dann aber sei der Alltag wieder über sie hereingebrochen und damit auch die Bedenken, ob der Mann im Süden tatsächlich der Richtige sei. Die Treue zum Land wird sich in ihrem Fall vielleicht als stärker erweisen. Es ist ihre Wahl, das weiß sie jetzt. Wenn sie bestimmt die eigenen Interessen vertritt, werden die Eltern zustimmen, das hatte sie in der Aufstellung erleben können. Außerdem dürfen wir nicht davon ausgehen, dass Eltern keine Gefühle haben dürfen, wenn Kinder Entscheidungen treffen. Abschied von den Kindern, von alten Idealen, von der alten Welt, wie sie einmal war, ist auch Eltern zuzumuten. Jeder Abschied trägt die Chance für weiteres Wachstum in sich, auch für Eltern.

Jeder Abschied trägt die Chance für weiteres Wachstum in sich – das gilt auch für Eltern, wenn Kinder gehen.

Eva kam in ein Herzenswunschseminar mit einem für sie ganz wichtigen Thema, ihrer Weiblichkeit. Sie hatte ein burschikoses, selbstbewusstes Auftreten, litt aber zunehmend daran, dass sie in Beziehungen zu Männern der gute Kumpel war. Die Frau in ihr blieb unbeantwortet. Partnerschaften dauerten auch in der Regel nicht lange, immer fehlte etwas.

Eva war auf einem landwirtschaftlichen Hof als jüngstes Kind und einzige Tochter groß geworden. Im Alter von sechzehn Jahren verlor sie ihre Mutter und musste für den Vater und die Brüder sorgen. Es war selbstverständlich, dass sie alle Aufgaben, die zuvor zum Arbeitsfeld der Mutter gehörten, übernahm. Plötzlich war sie die Große, die auch für die älteren Brüder das Leben regeln musste.

Da es ihr um die mangelnde Weiblichkeit ging, ließ ich sie in der Aufstellung vor allem Kontakt zur Mutter und Großmutter aufnehmen. Zur Dynamik der Mutter gehörte ganz deutlich auch deren jüngster Bruder, der von einem Pferdefuhrwerk überfahren worden war. Wir stellten ihn zu ihr. Möglicherweise war die ungelöste Sehnsucht in der Seele der Mutter so groß gewesen, dass sie ihm hatte folgen wollen.

Die gute Lösung in dieser Aufstellung war, dass Eva die weibliche Kraft von Mutter und Großmutter nehmen konnte und sich die Erlaubnis holte, eine weibliche und verführerische Frau zu sein. Die Großmutter sagte zu ihr: »Du bist eine tolle Frau«, ein Satz, den Eva bis heute in ihrem Herzen trägt. Einige Monate später kam sie zu einer Einzelberatung und äußerte den Verdacht, dass sie sich noch immer nicht richtig vom Vater und den Brüdern gelöst habe, als habe sie immer noch als »Ersatzfrau und -mutter« eine Aufgabe und dürfe sich nicht dem eigenen Leben zuwenden. Sie stellte ihren Vater und die Brüder mithilfe von Bodenkarten nach ihrem inneren Gefühl auf. Nun war es noch deutlicher, wie sehr sie sich in der Verantwortung fühlte und ein zukünftiger Partner noch keine Chance hatte. Auf diesen wirkte sie viel zu stark: Sie selbst spürte aus seiner Position heraus, wie viel Kraft es ihn kosten würde, tatsächlich auf sie zuzugehen.

In der Gegenüberstellung mit dem Vater und den Brüdern erlebte sie die Sätze »Ich bin nur die kleine Tochter, ich bin nur die kleine Schwester« und »Es war zu viel für mich« wie eine Erlösung. Ein dicker Stein, der auf ihrem Herzen gelegen hatte, durfte nun auf die Seite rollen. Erst danach konnte sie sich für den zukünftigen Partner interessieren.

Eva hat sich kurz darauf entschlossen, in einer Jahresgruppe, die sich alle zwei Monate trifft, an ihren Themen weiterzuarbeiten. Meine Erfahrung ist es, dass Veränderung Zeit und Geduld braucht und die Lösung aus Vater- und Mutterkomplexen sich langsam vollzieht.

Manchmal kann die Ablösung unterstützt werden durch ein kleines Rückgaberitual. Ein schwerer Rucksack oder ein Korb wird den Eltern symbolisch zurückgegeben.

»Ich sehe dein Schicksal und lasse es bei dir. Was ich für dich getragen habe, gebe ich dir zurück«, solche und ähnliche Sätze können sehr befreiend sein, wir muten Eltern ihr eigenes Schicksal und ihren Schmerz zu. Wenn dieses Ritual achtungsvoll vollzogen wird, macht sich in der Regel schnell eine energetische Veränderung bemerkbar. Die Eltern wirken plötzlich größer und stärker.

Möglicherweise versteckt sich in einer beharrlichen Betrachtung der Eltern als schwach und lebensunfähig eine verächtliche Haltung. Das schwächt sowohl die erwachsenen Kindern als auch die Eltern. Vielleicht wachsen Eltern auch, wenn sie von den Kindern nicht mehr auf dem Arm gehalten werden. Was für ein kleines Kind selbstverständlich und manchmal sogar überlebensnotwendig ist – die Eltern zu unterstützen, ihre Bedürfnisse zu erspüren –, kann erwachsene Kinder hemmen, ins eigene Leben zu gehen und dennoch das Beste, die Kraft und die Liebe ihrer Eltern, mitzunehmen.

Eltern wachsen, wenn wir ihnen ihr Schicksal zumuten und ins eigene Leben gehen.

## Wenn Kinder zu sehr lieben

Manchmal gibt es auch Familiengeschichten, die zu schön sind, um wahr zu sein. Alle haben sich verstanden. Die Liebe blühte in diesen Familien, die Kinder waren nah bei den Eltern und bleiben es leider auch.

Anita zum Beispiel, eine erfolgreiche Frau Mitte dreißig, verlässt immer wieder ihre Partner. Seit ihrem zwanzigsten Lebensjahr kommt es alle zwei Jahre zu einem Beziehungsabbruch. Die Männer sind immer gut aussehend, bemühen sich sehr um Anita, aber nach zwei Jahren bemerkt sie, dass es wieder nicht der Richtige ist. Anita glaubte zunächst, dass sie vielleicht den Abschied von ihrer ersten großen Liebe noch nicht vollzogen habe. Sie musste häufig an diesen ersten Mann in ihrem Leben denken, auch ihn habe sie verlassen. Im Vorgespräch erwähnte sie, wie gut sie sich als Einzelkind mit ihren Eltern und ganz besonders mit ihrem tollen Papa verstanden habe. Vom äußeren Bild her wirkte sie viel jünger als ihrem Alter entsprechend, es fiel nicht schwer, in ihr die strahlende Tochter und kleine »Prinzessin« zu sehen. Ich schlug vor, die wichtigsten Partner in ihrem Leben, aber auch die Eltern aufzustellen.

Sie stellte die Partner in eine Reihe, in der Reihenfolge des tatsächlichen Auftretens in ihrem Leben. Der Stellvertreter für die erste große Liebe stand ihr am nächsten. Sie selbst stand bei ihren Eltern in einem Dreieck, ganz besonders dem Vater zugewandt, eine Position, die allen Familienmitgliedern gut gefällt. Diese Atmosphäre konnte nicht übertroffen werden. Jede Auseinandersetzung mit einem Partner musste angesichts einer solchen Verbindung zu den Eltern mühevoll erscheinen. Es wurde deutlich, wie wenig Grund es in diesem Familienfeld gibt, die Eltern und insbesondere den Vater zu verlassen.

»Sie gehört zu uns. Sie kann hierbleiben. Sie braucht nicht wegzugehen«, sagte der Stellvertreter des Vaters, der offensichtlich die Tochter nicht verlieren wollte. Der zukünftige Seelengefährte stand auf der anderen Seite des Bildes und wurde von den Familienmitgliedern nicht beachtet. In der Folge setzte er sich auch wieder hin und sagte: »Ich bin noch nicht wichtig.«

Der Prozess der Aufstellung folgte einem Muster, das ich in einem der nächsten Kapitel noch ausführlicher beschreiben und kommentieren werde. Ich stellte die Eltern etwas abseits, sodass sie Anitas Weg durch die Geschichte ihrer Partnerschaften verfolgen konnten. Anita ging zum ersten Partner, ihrer großen Liebe, und schaute ihn an. Schnell hatten beide Tränen in den Augen, der Schmerz der abgebrochenen Liebe und Verbindung war ihnen deutlich anzusehen. Rituelle Sätze, die an diese Liebe erinnern und Dankbarkeit zeigen, folgten. Dann ging sie zum nächsten Partner und so weiter. Die in den verschiedenen Beziehungen erlebten Gefühlsqualitäten wurden deutlich. Noch deutlicher aber wurde das sich wiederholende Muster, dass nicht ein Mann wirklich genügen konnte. Meine Hypothese war: Kein Mann war so gut wie der Vater. Als sie die Reihe ihrer Exmänner durchlaufen hatte und wieder vor ihren Eltern stand, waren diese erschüttert. Der Stellvertreter des Vaters, der die Tochter am Anfang nicht loslassen wollte, war jetzt bereit, sie gehen zu lassen und sie zu verabschieden. Das heißt natürlich nicht, dass sie den Kontakt abbrechen musste, sondern aus der Tochterrolle herauswachsen durfte.

»Ich gebe dich frei«, konnte der Vater nun sagen.

»Ich danke euch für eure Liebe und gehe nun in mein Leben«, erwiderte sie und drehte sich um.

Als ich den zukünftigen Seelengefährten bat, sich ihr gegenüberzustellen, mochte sie noch nicht sofort auf ihn zugehen. Es war noch viel zu früh. Ich machte der Klientin den Vorschlag, sich einen Rucksack zu nehmen und alleine noch ein wenig durch die Welt zu spazieren. Die Idee gefiel ihr gut. Nachdem sie einige Runden symbolisch im Raum gedreht hatte, hatte sich die »große Liebe« in die Reihe der Exmänner eingereiht, kurz darauf äußerten alle Stellvertreter, auch die der Eltern, dass sie sich jetzt am liebsten setzen und Anita ihrem Leben überlassen möchten. Es ist interessant zu beobachten, wie sich von Minute zu Minute die Befindlichkeiten der Stellvertreter verändern. Damit werden Prozesse angedeutet, wie sie sich auch in der Realität mit der Zeit entfalten. Werden die Expartner gewürdigt, können sie ihren Platz freigeben.

Anita und der Seelengefährte standen sich im letzten Aufstellungsbild interessiert gegenüber. Alles Weitere aber überlassen wir am besten dem Leben.

So schön und harmonisch sich Anitas Familienbild auch präsentierte, kann es dennoch einen unbewussten Grund für diesen außergewöhnlichen Zusammenhalt geben. Die Eltern brauchten sich in der Nähe zur Tochter vielleicht weniger um eine eigene Entwicklung als Paar zu kümmern. Noch am gleichen Abend fuhr Anita zu ihren Eltern, um mit ihnen über die Aufstellung zu sprechen. Wie in der Aufstellung bemerkte auch der echte Vater, dass er keine Gründe für eine Veränderung sehe. Er wolle sie als Tochter noch möglichst lange für sich haben. Die Mutter hatte schon mit dem Ergebnis gerechnet und konnte auch die Hypothese bestätigen, dass Anita der Kitt in der Beziehung der Eltern gewesen war. Die Mutter aber sah keinen Grund für ihre Tochter, an dieser Rolle länger festzuhalten.

Sind Kinder für den Zusammenhalt des Elternpaares verantwortlich, ist es für sie später schwer, ihren eigenen Weg zu gehen.

»Das übernehmen wir jetzt«, soll sie gesagt haben.

Es ist bemerkenswert, wie sehr bei dieser Familie die in der Aufstellung nachvollzogenen Gefühle und Veränderungen mit der Realität übereinstimmten. Bis hin zu einzelnen Sätzen waren die Reaktionen und Bemerkungen des Stellvertreters mit denen des realen Vaters im späteren Gespräch identisch.

Anita ist kein Einzelfall. In einem anderen Seminar lernte ich eine junge Frau kennen, die ihren Lebensgefährten nicht heiraten konnte, obwohl sie eine Familie gründen wollte. Sie sah anfänglich das Problem noch bei ihrem Lebensgefährten, es wurde aber schnell deutlich, dass sie große Schwierigkeiten hatte, sich von den Eltern zu lösen. Eheschließung und Familiengründung sind auf einer tieferen Seelenebene immer mit einem Abschied von der Ursprungsfamilie verbunden. Einen solchen Abschied von den alten und mittlerweile kranken Eltern wollte sie den Eltern nicht zumuten, obwohl sie schon mit ihrem Partner zusammenlebte und sich gar nicht so viel geändert hätte. Unverheiratet konnte sie loyal bleiben und weiterhin zur alten Familie gehören.

Wir merken im Alltag nicht, wie sehr alte Loyalitätsmuster und unsichtbare Bindungen unsere Lebensentscheidungen bestimmen können. Da bleibt ein Mann ewig jung, läuft als Sunnyboy durch die Welt und merkt nicht, dass er so der liebe Junge der Mutter bleiben kann. Oder eine Frau schickt ihre Partner immer wieder weg oder bindet sich an Männer, die sie nicht richtig wollen, und bleibt damit ihrem Vater ewig treu. Alte Sehnsuchtsmuster blühen und erfüllen sich immer wieder neu.

## *Gedanken an meine Familie*

- Schauen Sie von außen auf sich und ihre Familie. Erinnern Sie sich an das kleine Mädchen oder den kleinen Jungen, der Sie einmal waren. Vielleicht waren Sie eher ein stilles Kind oder sehr lebhaft mit vielen tausend Ideen und Einfällen. Stellen Sie sich Ihre Mutter vor, stellen Sie sich ihren Vater vor. Wie schauen die beiden auf dieses Kind, das Sie einmal waren? Freuen sie sich oder schauen sie lieber weg, weil sie mit anderen Lebensthemen beschäftigt sind? Bekommen Sie ein Herz für das Kind, das von seinen Eltern nicht genug gesehen und beantwortet wird? Vielleicht macht Sie das Bild, das Sie vor Ihrem inneren Auge sehen, traurig – dann weinen Sie. Drücken Sie in Ihren Gedanken aus, was Ihnen gefehlt hat, versetzen Sie sich hinein in die Wünsche dieses Kindes, das Sie einmal waren, und sprechen Sie innerlich mit Ihren Eltern darüber.
- Wie reagieren die Eltern auf Ihre Wünsche? Vielleicht schauen sie immer noch weg oder sind mit anderen Dingen beschäftigt. Wahrscheinlich ist das Ungelöste in ihren Herzen groß oder sie fühlen sich schuldig. Vielleicht hat auch ihnen etwas ganz Wichtiges gefehlt, vielleicht ist der Vater früh verstorben oder die Mutter war oft krank. Oder ihre Familien haben im Krieg Flucht und Vertreibung erlebt. Vielleicht können Sie nach einer Weile zur Mutter oder zum Vater sagen: Ich sehe jetzt, dass auch dir etwas gefehlt hat. Ich achte dein Schicksal und nehme mein eigenes in die Hand. Ich danke dir für mein Leben.
- Wenn Sie Geschwister haben, stellen Sie sich vor, sie stehen neben Ihnen. Sie sind nicht alleine. Schauen Sie alle der Reihe nach an und sagen Sie innerlich: Du bist mein großer Bruder, meine große Schwester und es ist schön, dass es dich gibt. Schauen Sie auf die andere Seite, auf die Kleineren und sagen Sie ihnen, dass Sie die große Schwester oder der große Bruder sind und Sie immer auch ein wenig für sie da sind. Nehmen Sie auch die toten Geschwister in ihrer Reihe auf und geben ihnen einen Platz im Herzen.

# Vatertöchter und Muttersöhne

## Im Feld zwischen den Eltern

Das Schicksal der Vatertöchter und Muttersöhne ist es wert, in einem besonderen Kapitel thematisiert zu werden. Es geht um jene, die sich über die Phasen ihrer kindlichen Entwicklung hinweg besonders mit dem gegengeschlechtlichen Elternteil identifizierten und sich aus dieser Bindung nicht angemessen und altersgemäß lösen konnten.

### Unangemessene Verantwortung

Wir haben schon in den vorangegangenen Kapiteln bemerkt, dass Kinder für die Bekümmerung, den Schmerz und die Hilflosigkeit der Erwachsenen eine innere Antenne haben. Was kann ich für meine Mama tun, damit sie wieder lacht? Was braucht mein Vater, damit er glücklich ist und gerne bei uns bleibt? Kinder spüren das und probieren alles aus. Sie wittern eine Aufgabe, bei der sie ihr gesamtes Potenzial an unverbrauchter Liebe verschenken, um die Hilflosigkeit und die Not ihrer Mütter und Väter zu lindern. Und wenn die Tochter zum Vater und der Sohn zur Mutter geht, übernehmen sie in der Beziehung zu ihren Eltern Rollen, für die sie noch zu klein und nicht die Richtigen sind. Sie bemuttern und bevätern ihre Eltern und stehen als kleine Partner an ihrer Seite. So wird die kleine Tochter zur Vertrauten des Vaters oder der Sohn zum Tröster der Mutter oder umgekehrt.

»Vatertöchter« und »Muttersöhne« übernehmen Rollen, für die sie nicht die Richtigen sind.

Das Schlimme ist, dass diese Kinder die Mutter oder den Vater, die sie so sehr brauchen, zeitweise oder vielleicht sogar ganz verlieren. Ihnen fehlt dann die Mutter als Mutter und der Vater als Vater. Von dem, was sie den Eltern so bereitwillig geben, bekommen sie selbst nicht mehr genug. Sie fangen an zu glauben, dass sie nur um ihrer Rolle und der unbewusst übernommenen Aufgabe wegen geliebt und beachtet werden, und entwickeln eine sehr eingeschränkte Vorstellung von sich selbst. Die ureigensten Bedürfnisse und Neigungen dieser Kinder werden von den Eltern nicht ausreichend beachtet und gefördert. Diese Kinder erleben sich möglicherweise in ihrer Rolle als groß und wichtig und suchen sich später Menschen, die ihnen zumindest am Anfang genau diesen Eindruck wieder ermöglichen. Sie sind mit diesem Muster sehr vom bewundernden und verliebten Blick des sie tragenden Elternteils und später des Partners abhängig. Die wirklich eigenen Wünsche und Gefühle werden unterdrückt oder heimlich und das manchmal auf verschrobene Weise, in Form von Süchten, z.B. Essstörungen oder Beziehungssüchten, ausgelebt. Eine solcherart gefärbte Bindung zu den Eltern kann das Feld für eine Sehnsucht öffnen, die von späteren Partnern auf Dauer nicht erfüllt werden kann.

Vatertöchter und Muttersöhne finden sich in ihren späteren Beziehungen bevorzugt in Dreiecksverhältnissen wieder, sie retten den »armen Mann« aus den Klauen der »bösen Frau«, oder sie kümmern sich um unbefriedigte Ehefrauen und Freundinnen anderer Männer, in der Regel aber bleiben sie selbst dabei auf Dauer unbefriedigt. Zutiefst sind sie überzeugt, erst etwas leisten zu müssen, ehe sie geliebt werden. Bekommen sie die Liebe einfach so von einem Partner geschenkt, können sie die Zuneigung und die damit verbundene Nähe oft nicht annehmen. Eine solche Liebe entspricht nicht dem tief eingeprägten Liebesmuster, wie es sich in der Ursprungsfamilie entfaltete. Die Rolle, die sie an der Seite ihres Vaters oder der Mutter einnahmen, garantierte ihnen eine gewisse Sonderstellung, war aber auch begleitet von einer tiefen Sehnsucht, einfach nur als Kind angenommen und gesehen zu werden. Sie wollten den Vater als Vater oder die Mutter als Mutter, ohne Partnerersatz zu sein oder andere Aufgaben zu übernehmen.

Bedingungslos angenommen zu werden ist für Vatertöchter und Muttersöhne eine tiefe Sehnsucht.

Später kann ihnen ein Mensch alles geben, aber ohne diese Sehnsucht fehlt ihnen die Essenz der alten Liebe. So tendieren Vatertöchter und Muttersöhne in ihrer Partnerwahl zeitweise zu Menschen, die nicht richtig für sie da sind. Denn nur hier können ihre Sehnsucht und Liebe schmerzhafte Höhepunkte feiern. Verstärkend kommt hinzu, dass in den betroffenen Familien eine Hinwendung zum gleichgeschlechtlichen Elternteil nur eingeschränkt möglich war. Die Tochter sorgte sich um den Vater, wenn die Mutter wieder krank war, der Sohn kümmerte sich um die Mutter, wenn der Vater abends lieber mit Kollegen in der Kneipe saß. In Konflikten standen sie meist dazwischen, wenn die Eltern ihre Probleme nicht lösen konnten und sich keine erwachsenen Ansprechpartner gesucht haben.

Du bist mein Ein und Alles, meine kleine Prinzessin, sagt ein Vater zu seiner Tochter und vergisst dabei für eine kurze Zeit die Wut auf seine Frau, die nur noch selten zärtlich ist.

Du bist mein kleiner Mann, sagt eine Mutter stolz zu ihrem Sohnemann und vergleicht ihn mit seinem Vater, den sie schon lange nicht mehr achten kann.

Ohne es zu wollen, werden Vatertöchter und Muttersöhne zu Konkurrenten von Mutter und Vater. Nur wenigen Eltern ist klar, was sie ihren Kindern damit an Leid und unerfüllbaren Wünschen mit ins Leben geben.

Es gibt natürlich keine reinen Vatertöchter wie auch keine reinen Muttersöhne. Die beschriebene Unterteilung, die auch noch weiter differenziert werden kann, meint lediglich Tendenzen im Leben von Menschen, eignet sich aber sicher nicht für langfristige Zuschreibungen. Dafür entwickeln sich Menschen zu schnell, außerdem treten Lebensthemen und Komplexe zu bestimmten Zeiten in Erscheinung und drängen dann darauf, gelöst zu werden.

Ich lernte Angelika bei einer Einzelaufstellung vor mehreren Jahren kennen. Sie war Ende dreißig und lebte schon viele Jahre als Single. Seit dem Tod des Vaters vor zehn Jahren hatte sie sich auf keine ernst zu nehmende Beziehung mehr eingelassen. Sie hatte sich mit ihrem Singledasein und ihrer immer mal wieder auftauchenden Sehnsucht nach Zweisamkeit arrangiert und glaubte auch nicht an eine baldige Veränderung in diesem wichtigen Lebensbereich. Eigentlich war Angelika wegen der Beziehung zu ihrer Mutter und wegen eines beruflichen Themas gekommen, ich aber drückte gleich mein Erstaunen darüber aus, warum eine so hübsche Frau schon so lange keinen Partner hatte. Angelika veränderte im Verlauf zweier Einzelberatungen ihr Anliegen. Meine Frage hatte ihr Mut gemacht, ihren Herzenswunsch nach einer Partnerschaft in einem meiner Seminare anzusprechen.

Sie stellte ihren Vater, ihren zukünftigen Seelengefährten und sich selbst auf. Der Vater stand zwischen Angelika und ihrem Wunschpartner und wurde von Angelika und ihrem Seelengefährten als riesig und mächtig erlebt. Er stand wie auf einem Sockel und kontrollierte von oben die Zukunft seiner Tochter. Es ist interessant bei solchen spürenden Wahrnehmungen, dass auch die Gruppe diese Empfindungen teilt. Alle spürten die Übergröße des Vaters, die sich im Aufstellungsbild so deutlich zeigte.

Wie war der Kontakt zu ihrem Vater in der Kindheit gewesen? Angelika, die noch eine neun Jahre ältere Schwester hatte, hatte sich schon als Kind ihrem Vater sehr nah gefühlt. Die Mutter war in den ersten Jahren ihres Lebens wegen multipler Krankheiten immer wieder bettlägerig oder im Krankenhaus gewesen. Angelika wurde zur kleinen Vertrauten des Vaters, sie teilte seine Geheimnisse, zum Beispiel sagte er nur ihr, dass er zwei Stammtische hatte. Von einem wusste die Mutter nichts. Die Eltern passten in vielerlei Hinsicht nicht zusammen. Der Vater war sehr gesellig und wünschte sich ein soziales Leben, das seine Frau nicht teilen konnte. Seine kleine Tochter verstand ihn. Angelika liebte und verehrte ihren Vater so sehr, dass sie später auch den gleichen Beruf ergriff wie er. Er blieb bis zu seinem Tod ihr engster Berater in schwierigen beruflichen Fragen. Insofern war auch ihr berufliches Anliegen mit ihrem Vater verknüpft. Nach seinem Tod fehlte ihr nicht nur der Vater, sondern auch der Berater.

Die Aufstellung am ersten Tag entpuppte sich als ein schwieriger Prozess, der Vater stand ausdauernd auf seinem Podest und wollte Angelika nicht loslassen. Auch Hinweise aus der Familiengeschichte und deren Einbezug in die Aufstellung führten nicht weiter. Angelikas Vater beharrte darauf, dass sie ihn nicht verlassen und zu ihrem Seelengefährten gehen könne. Gespielt wurde der Vater von einem jungen Mann, der in anderen Aufstellungen eher moderat aufgetreten war, sich in dieser Aufstellung aber nicht erweichen ließ.

Wir unterbrachen die Aufstellung und setzten sie am kommenden Tag fort. In der Nacht hatte Angelika geträumt, wie sie ihren Vater vom Sockel stieß. Hatte sie früher nur die idealen Seiten gesehen, sah sie plötzlich seine Macken und wurde wütend. Mit dieser seelischen Vorarbeit, die sie in der Nacht geleistet hatte, setzten wir ihre Aufstellung am nächsten Tag fort. Nun hätten wir auch darauf vertrauen können, dass die Seele ihren Weg im Alltag sucht und dort weitere Lösungen findet, Angelika aber wollte unbedingt sehen, ob ihr Traum und ihre neue Haltung eine Veränderung im Aufstellungsbild bewirkte. Sie war wild entschlossen, ihren Vater vor der bezeugenden Gruppe zu entthronen. Die Veränderung in ihrem Inneren ließ uns tatsächlich ein verändertes Aufstellungsbild betrachten. Der Vater, gespielt von dem gleichen Stellvertreter, war spürbar geschrumpft und konnte sie jetzt freigeben. Im letzten Bild drehte sich Angelika mit ihrem zukünftigen Partner um und lief mehrere Schritte in ihr eigenes Leben.

Das Ausdrücken alter Wut kann eine gute Vorbereitung für die Lösung von abhängigen Eltern sein.

Wenige Tage nach dem Seminar wechselte Angelika völlig unbewusst ihren Kleidungsstil. Hatte sie zuvor im Wesentlichen schwarze Kleider getragen, gönnte sie sich nun ein Set an Kleidern in Rosa und Pink. Auch seelisch schwebte sie »auf einer rosa Wolke«. Die Leute begannen zu fragen, ob sie verliebt sei. In dieser ersten Phase nach der Aufstellung war sie trotz der raschen Veränderung auch manchmal traurig und ängstlich, sie spürte den zunehmenden Abschied und Abstand vom Vater.

In den folgenden Wochen bemerkte sie, dass sich zunehmend Männer für sie interessierten. »Sie interessierten sich wirklich für mich, wer ich bin, nicht nur für mein Aussehen. Sie waren an mir als Person interessiert«, teilte sie mir in einem späteren Gespräch mit. Und dann tauchte ihr jetziger Lebensgefährte auf. Schon nach wenigen Monaten wurde aus der Verliebtheit eine feste Bindung und große, selbstverständliche Liebe. Mehr über ihre Liebe zu diesem Mann erfahren Sie in einem der letzten Kapitel.

Um ihren Veränderungsprozess zu unterstützen und auch um genügend Vertrauen in die neue Liebe zu entwickeln, arbeitete Angelika in einer Jahresgruppe an ihren Themen weiter. Insbesondere ihre Beziehung zur Mutter war immer wieder Gegenstand ihrer Auseinandersetzungen. Sie kann heute mit einem viel größeren Verständnis auf die Mutter schauen und sich besser distanzieren, wenn sie bemerkt, dass die Mutter sie zu sehr in ihre Belange hineinzieht. Eine veränderte Beziehung zur Mutter beinhaltet auch immer eine Veränderung im Selbstverständnis als Frau.

Angelikas Geschichte ist fast zu schön, um wahr zu sein. Bei ihr hatte die Zeit sicher schon vorgearbeitet. Sie hatte in den vielen Jahren ihres Alleinseins gelernt, sich auch ohne Partner wohl zu fühlen und sich zu mögen. Als sie zu mir in die Aufstellung kam, war sie »überreif«. Das Thema schwamm im wahrsten Sinne des Wortes obenauf.

Wenn Liebe und Partnerschaft dauerhaft ein Problem sind, entschließen sich manchmal auch Männer zu einer Aufstellung. Sie sind aber in den Seminaren immer noch in der Minderheit. Für Frauen ist es viel selbstverständlicher, sich in einer Gruppe mit ihren Themen und ihren Wünschen zu zeigen.

Markus war über fünfzig Jahre alt und der einzige Mann in einem Herzenswunschseminar, das ich vor mehreren Jahren im Osterberg-Institut durchführte. Er hatte schon zwei große Familienaufstellungen hinter sich und war wegen einer Trennungsproblematik gekommen. Seine Freundin, mit der er fast acht Jahre zusammen gewesen war, hatte sich vor zehn Monaten wegen einer neuen Liebschaft zu einem anderen Mann getrennt. Markus war noch tief gekränkt und voller Wut auf seine Exfreundin und ihren neuen Freund. Er konnte weder den Schmerz noch die Hoffnung auf ihre Rückkehr loslassen. Er wünschte sich mehr Klarheit und Verständnis und wollte sich innerlich von der Freundin verabschieden können.

Er stellte sich selbst, seine erste geschiedene Frau, seine langjährige Freundin und deren jetzigen Lebensgefährten auf. Schon am Anfang der Aufstellung wurde deutlich, dass die erste Frau für dieses Anliegen keine Rolle spielte. Es ist faszinierend, wie sehr die Gruppenmitglieder spüren, welche Themen für die Lösung eines Anliegens wichtig sind. Bei einer anderen Fragestellung hätte die Beziehung zur ersten Frau von großer Bedeutung sein können. Hier aber entfaltete sich ein anderer Prozess und es war für Markus wichtig, die Motive seiner Freundin zu verstehen.

Die Stellvertreterin der früheren Lebensgefährtin machte durch ihre Bewegungen sehr deutlich, dass es ihr nicht wirklich um den neuen Mann ging. Ihr Blick und ihr Interesse waren in die Ferne gerichtet. Ich stellte eine Person, die »Das, wohin sie geht« repräsentierte. Sie lief darauf zu und stellte sich neben die Person. Markus konnte durch diese Bewegungen deutlich sehen, dass auch sie unabhängig von den Männern ihren Weg gehen musste. Er konnte spüren, dass es nicht lohnt, über ihre innersten Ziele zu spekulieren. Außerdem war er erleichtert zu sehen, dass es nicht wirklich um den vermeintlich besseren Mann ging, sondern um etwas ganz anderes. Wir sind gekränkt, wenn wir verlassen werden, und neigen dazu, die Entscheidung auf uns zu beziehen. In Wirklichkeit müssen Menschen gehen, weil unsichtbare Bindungen sie ziehen, weil Unerlöstes sich lösen möchte. Und wenn wir es auch am Anfang noch nicht merken, tun sie uns vielleicht ei-

Manchmal müssen Menschen gehen, weil etwas Wichtiges sich verändern will oder unsichtbare Bindungen sie ziehen.

nen Gefallen damit, weil auch wir uns neu orientieren und weiterentwickeln müssen.

Markus stellte sich vor die Frau und sagte zu ihr: »Ich gebe dich jetzt frei. Ich lasse dich deinen Weg gehen. Ich trage die Verantwortung für meine Verletzung und Einsamkeit alleine.« Dabei war er sehr traurig und weinte. Später bestätigte er, dass eine tiefe Klarheit und Einsicht ihn bei diesen Worten erfüllt hatten. Ich stellte ihm den Vater in den Rücken, die Stärkung war ihm anzusehen.

In der späteren Gegenüberstellung mit der Mutter, die ich dazustellte, wurde deutlich, dass ihn sehr viel Ungelöstes und Unerfülltes mit der Mutter verband. Markus hatte schon früh an der Seite der Mutter gestanden und sich von ihr gebraucht gefühlt. Der Vater war immer eifersüchtig auf ihn gewesen. Mutter und Vater waren vermittelt worden, sie hatten nicht aus Liebe geheiratet. Die Mutter hatte ihre große Liebe im Krieg verloren und musste den väterlichen Hof verlassen, als ihr Bruder diesen übernahm. Sie wurde an einen »Vollhufner« (ein Bauer mit ca. 50 ha Land, auch die Eltern hatten eine Vollhufe) standesgemäß verheiratet. Markus' Vater war vierzehn Jahre älter und brauchte dringend eine Frau. Markus' Mutter fühlte sich mit dem ungeliebten Mann in der fremden Gegend nicht wohl, sie wurde depressiv.

Markus erfuhr von dieser Geschichte erst nach der Aufstellung. Während eines Lagerfeuers erzählte seine Mutter ihren erwachsenen Kindern von der großen gefallenen Liebe und ihren Selbstmordgedanken, mit denen sie schon am Teich gestanden habe, als sie mit Markus im siebten Monat schwanger war.

Wir können nur ahnen, unter welchen Belastungen Markus als erster Sohn stand, wie sehr er die Stimmungen der Mutter am eigenen Leib und ihren Hass auf seinen Vater gespürt hat. Der kleine Junge war in der ersten Zeit ihr einziger Vertrauter. Markus erinnerte sich, dass die Mutter viel mit ihm geschmust habe, was den Vater eifersüchtig machte. Einmal sei der Vater so rasend gewesen, danach habe die Mutter vor lauter Angst ihrem Sohn nie mehr einen Kuss gegeben. Markus war damals fünf Jahre alt gewesen. Markus hatte nie eine gute Beziehung zu seinem Vater, die Mutter unterstützte diesen Mangel mit einer verächtlichen Haltung ihrem Mann gegenüber.

In der Aufstellung stand Markus mit einer Mischung aus Wut, Hilflosigkeit und Liebe vor seiner Mutter. Es wurde schnell deutlich, dass lösende Sätze alleine nicht ausreichen würden, um seinen Mutterkomplex zu bearbeiten.

Obwohl nicht alle Themen in dieser Aufstellung gelöst werden konnten, hatte Markus nun gesehen, wo seine Wut, aber auch seine Sehnsucht hingehörten. In einem Nachgespräch beschrieb Markus die Aufstellung als sehr befreiend und stärkend. Er konnte mit der Trennung in der Folgezeit viel besser umgehen und widmete sich zu einem späteren Zeitpunkt noch einmal seiner Mutter und ihrer abhängigen Liebe zu ihm als Jungen.

Gerry war Mitte vierzig, als er eine Herzenswunschaufstellung machte. Er war nach der Trennung von Frau und Kindern schon mehrere Jahre alleine und wünschte sich wieder eine neue Partnerin. Im Vorgespräch erwähnte Gerry eine belastete Beziehung zur Mutter. Sie sei schwach und ängstlich gewesen, sodass er sich als ältester Sohn sehr für sie verantwortlich gefühlt habe. Der Vater sei in den ersten Jahren beruflich viel unterwegs und später wegen einer Depression und schwerer psychosomatischer Beschwerden wiederholt in stationärer Behandlung gewesen. Gerry habe sich dann um die Mutter kümmern müssen.

Gerrys Partnerschaften verliefen meist nach folgendem Muster: War eine Frau sehr interessiert an ihm, beendete er die Beziehung schon nach kurzer Zeit, war er sehr interessiert, dann lösten sich die Frauen wieder, letztendlich ein Muster, dass eine tiefere Bindung auf beiden Seiten immer wieder verhinderte.

Wenn eine Seite sich abhängig zeigt, die andere unabhängig, wird Nähe erfolgreich verhindert. Es ist anzunehmen, dass in solchen Beziehungskonstellationen beide Partner ein ähnliches Thema haben, nur stehen sie mal auf der einen, mal auf der anderen Seite. Manchmal können solche Parts auch innerhalb kürzester Zeit wechseln. Dann ist mal der eine stark, mal die andere, aber ein tragfähiges Gleichgewicht wird nicht erreicht.

Gerry stellte die Mutter, die zukünftige Seelengefährtin und sich selbst auf. Die Seelengefährtin stand in seinem Bild weit außerhalb des Stuhlkreises. Das kann so gedeutet werden, dass sie nach seinem inneren Gefühl noch nicht in sein Leben gehörte. Die Mutter schaute hilflos auf ihren Sohn. Was war im System der Mutter geschehen, dass sie so traurig und hilfsbedürftig auf ihren Sohn schaute? Gerry erinnerte sich, dass der Vater der Mutter an Typhus erkrankte und starb, als die Mutter elf Jahre alt war. Wir stellten den Vater der Mutter zu ihr, sofort begann sie zu weinen und lehnte sich an ihn. Gerry erlebte diesen Augenblick als sehr erleichternd. Es war offensichtlich, dass seiner Mutter der Vater gefehlt hatte. Weder ihr Mann noch der Sohn hatten ihre ursprüngliche Sehnsucht stillen können. Gerry hatte die Traurigkeit der Mutter wahrscheinlich schon als Kind gespürt und wie alle Kinder hätte er ihr gerne mit seiner Anwesenheit und Unterstützung gegeben, was sie brauchte. Angesichts seines Großvaters konnte er jetzt deutlich spüren, dass er diese unbewusst gestellte Aufgabe nie würde erfüllen können.

Sehen wir, wer oder was unseren Eltern gefehlt hat, verstehen wir, was wir ihnen nicht ersetzen konnten.

Diese Erkenntnis, die er nicht nur mit dem Verstand, sondern mit all seinen Gefühlen nun nachvollziehen konnte, öffnete seinen Blick für das weitere Umfeld. Er bemerkte die Repräsentantin der zukünftigen Partnerin, drehte sich um und schaute sie erstaunt und interessiert an. Vorher hatte er sie nicht wahrnehmen oder sich auf sie beziehen können.

Es ist spannend zu sehen, wie stark diese inneren Bilder und Konstellationen in der Kindheit noch in uns wirken und unser Leben und unsere Beziehungswahl beeinflussen. Das beschriebene bevorzugte Beziehungsmuster, das Nähe bislang erfolgreich verhinderte, konnte mit der noch ungelösten Bindung zur Mutter unbewusst und üppig gedeihen.

Bei den Recherchen zu diesem Text sprach ich etwa neun Monate nach der Aufstellung noch einmal mit Gerry. Er berichtete: »In den letzten acht bis neun Monaten hat sich im Kontakt zu meiner Mutter vieles verändert. Ich bin jetzt weit entfernt davon, mir weiterhin Sorgen um sie zu machen oder mich um sie zu kümmern. Eines der letzten Bilder der Aufstellung ist mir noch sehr deutlich in Erinnerung, die Stellvertreterin meiner Mutter sagte zu mir: Du kannst gehen, hier bei meinem Vater bin ich sicher. Du bist frei. Das war wie eine Erlösung. Ich habe das Gefühl, ich kann mich heute voll und ganz auf eine Frau einlassen, die ich kenne, mit allem, was ich habe.«

Gerry hat sich ein halbes Jahr nach der Aufstellung wieder verliebt: in die Seminarteilnehmerin, die seine zukünftige Lebensgefährtin spielte. Das stand nicht im Aufstellungsdrehbuch, kann aber auch passieren. Die Liebe zu dieser Frau, die gerade aus einer Ehe kommt und sich vom Vater ihrer Kinder getrennt hat, birgt noch Stoff für Unsicherheit in sich. Gerry aber ist zuversichtlich.

Unabhängig davon, wie Gerrys neue Liebe weitergeht, können wir davon ausgehen, dass jede Liebe eine Lernmöglichkeit in sich birgt. Manchmal drehen wir auch noch einmal eine Schleife, bis wir uns endgültig von einem alten und nicht mehr passablen Muster trennen können.

## Frühere Partner der Eltern

Wir erspüren die ungelösten Liebesgeschichten unserer Eltern und verbinden oder identifizieren uns unbewusst mit den früheren Partnern der Eltern, mit der ersten großen Liebe der Mutter oder der weggegangenen Verlobten des Vaters. Wir neigen dann dazu, Aspekte dieser früheren Liebe in unserem Liebesleben zu übernehmen, ohne davon zu ahnen. Manche erfahren erst bei der Recherche vor einer Familienaufstellung, dass ihr Name mit dem Namen der ersten Frau des Vaters oder mit dem Namen des ersten Freundes der Mutter übereinstimmt. Kinder spüren das Ungelöste in den gegenwärtigen und vergangenen Beziehungen ihrer Eltern und stellen sich unbewusst als Übertragungsobjekte zur Verfügung. Sie spielen dann Teile eines Dramas, deren Drehbuch sie nicht kennen, und übernehmen Gefühle und Lebensziele, die nicht originär ihre eigenen sind. Hier will ein junger Mann Pilot werden und so den Verlobten der Mutter neu erwecken oder eine junge Frau quält sich mit Selbstmordgedanken, schon die große Liebe des Vaters hatte sich das Leben genommen. Eine andere wird schwanger von einem verheiraten Mann und wiederholt das Schicksal einer Geliebten ihres Vaters. Solche Dinge passieren, ohne dass die Menschen von der ursprünglichen tragischen oder vertrackten Liebesgeschichte wissen. Diese ungesunden und das Selbst ignorierenden Lebensentwürfe können erst aufgegeben werden, wenn die Zusammenhänge bewusst werden oder schwere Krisen und Lebenssituationen die Menschen dazu zwingen, sich von einem bestimmten schmerzhaften Muster zu verabschieden und einen neuen Lebensabschnitt zu beginnen.

Die israelische Schriftstellerin Zeruya Shalev beschreibt in ihrem Roman *Liebesleben*, auf welch schmerzhafte Weise eine junge Frau, ohne es zu wissen, mit dem Drama ihrer Eltern und der nicht gelebten Liebe ihrer Mutter in Berührung kommt. Die Geschichte entwickelt sich entlang einer demütigenden Liebesaffäre zu einem älteren Mann, angeblich ein früherer Freund des Vaters. In Wirklichkeit war dieser Mann die große Liebe der Mutter, die ihn aber verschmähte, weil er nach einer Kriegsverletzung unfruchtbar geworden war. Die junge Frau erfährt immer mehr, wie sehr die jetzige Hassliebe, von der sie nicht lassen kann, mit der Geschichte ihrer Eltern verknüpft ist. Eine Nabelschnur von Schuld und Sehnsucht verbindet sie mit dem nicht gelebten Leben der Eltern. Ihr eigenes Leben ist schließlich das Ergebnis der früheren Entscheidung ihrer Mutter. Die Geschichte des Romans, in der sich die junge Frau immer mehr und unter Aufgabe ihres Selbst verstrickt, ist ein wunderbares Bild für die Unmöglichkeit für Töchter und Söhne, die alten Geschichten und Entbehrungen ihrer Eltern zu lösen. Letztendlich bleibt nur der Sprung nach außen und die Ablösung hinein ins eigene Leben.

Wenn Kinder im Feld zwischen den Eltern zu sehr eingespannt sind, hat das oft schlimme Folgen für ihr späteres Glück.

Im realen Leben zeigen sich die Zusammenhänge vielleicht nicht in dieser erzählerischen Deutlichkeit. Aber immer, wenn Töchter und Söhne im Feld zwischen den Eltern auf unbewusste Weise eingespannt sind, kann das fatale Folgen für das spätere Glück dieser Kinder haben. In Aufstellungen können wir das erkennen und die Ablösung von den elterlichen Aspekten, die sich ins eigene Leben drängen, mithilfe eines bewegenden Rituals vorbereiten.

Bei Lara löste der Tod des Vaters vor sieben Jahren eine Lawine in ihrem Leben aus. Bis dahin war es der damals Dreißigjährigen einigermaßen gut gegangen. Sie war Anfang der 90er-Jahre nach dem Krieg in Jugoslawien nach Deutschland gekommen, hatte studiert, eine Arbeit gefunden und sich entschieden, in der neuen Heimat Deutschland zu bleiben. Als ihr Vater starb, konnte sie ihn nicht loslassen, und aus der Traurigkeit entwickelte sich ein depressives Lebensgefühl. Sie verliebte sich in einen Mann, der sie nicht wollte, und entwickelte einen »Liebeswahn«, der sie über Jahre massiv beeinträchtigte. Sie war besessen von dieser Liebe, in der sich eine unendliche und nicht erfüllte Sehnsucht ausdrückte. Als Lara zu mir in eine Einzelaufstellung kam, hatte sie gerade einen psychiatrischen Aufenthalt wegen ihrer Depression hinter sich und eine Therapie begonnen. Sie wollte sich in einem Ritual von der unglücklichen Liebe verabschieden. Alles, was sie erzählte, deutete darauf hin, dass sie vor allem mit ihrem Vater verbunden war. In den ersten zehn Jahren ihres Lebens hatte sie bei den Großeltern väterlicherseits gelebt, weil die Eltern in der kleinen Wohnung in der Nähe nicht genügend Platz hatten. Als sie mit zehn endlich bei den Eltern leben konnte, hatte sie sich dem Vater näher als der Mutter gefühlt. Sie erinnerte sich, dass auch er depressiv gewesen sei.

Ich lud sie ein, die unglückliche Liebe, ihren Vater und sich selbst aufzustellen. Anfänglich erlebte ich sie in den einzelnen Positionen sehr distanziert, sie konnte sich nur schwer einfühlen. Manchmal ist das ein Hinweis, dass noch ein anderes Thema erscheinen möchte. Ich hatte im Verlaufe des Prozesses die Assoziation, dass noch etwas fehlte, und stellte neue Fragen. Warum lebte sie überhaupt in Deutschland, obwohl die ganze Familie in der Heimat geblieben war? Was hatte sie hierher gezogen? Es stellte sich heraus, dass die Mutter in

Deutschland studiert und sich an der Uni in einen deutschen Studenten verliebt hatte. Aus Vernunftgründen war sie dennoch nach dem Studium in ihr Land zurückgegangen. Laras Mutter hat bis heute Kontakt zu diesem Mann. Auch Lara hat ihn und seine Familie schon einmal besucht.

Ich ließ sie die Mutter und diesen Geliebten dazustellen. Den Vater und die eigene unglückliche Liebe stellte ich zur Seite. Nun kam Bewegung in die Aufstellung. Als Lara in die Position ihrer Mutter wechselte und dem geliebten Mann gegenüberstand, fing sie an zu weinen. Dies gab ihr die Möglichkeit, die frühere Situation ihrer Mutter besser zu verstehen. Aus der eigenen Position heraus konnte sie voller Mitgefühl sagen: »Mama, ich spüre deine Sehnsucht, aber ich kann das für dich nicht lösen.« Eine große Traurigkeit erfasste sie. Das erlebe ich oft: eine unendlich starke Verbindung der Kinder mit dem Schicksal und der Wehmut ihrer Eltern.

So sehr wir uns auch von klein auf bemüht haben: Wir können das Schicksal unserer Eltern nicht für sie lösen.

Ich stellte mich als gute mütterliche Kraft hinter Lara, was sie als sehr stärkend empfand. In einer Einzelaufstellung lasse ich die Klienten zwischendurch immer wieder aus den Positionen heraustreten, um mit ihnen über das, was sie spüren, und mögliche Interpretationen zu sprechen. Wenn die Menschen verstehen, was in einer Aufstellung passiert, können sie bewusster mit den neuen Lösungen umgehen und sie besser in den Alltag integrieren. Lara konnte am Ende dieser Aufstellung ihrer großen Liebe sagen: »Ich gebe dich jetzt frei.« Sie war traurig und erleichtert zugleich.

In Laras Liebessehnsucht und in der Wahl ihres Lebensmittelpunktes erscheinen zwei Themen und Komplexe, die nach einer Lösung drängen. Einmal die starke Bindung und Sehnsucht zum Vater und zum anderen die Sehnsucht der Mutter nach der großen Liebe in Deutschland.

Wenn die Zusammenhänge mithilfe einer Aufstellung so spürbar bewusst gemacht werden, ist das ein guter Anfang. In einem Telefonat kurz nach der Aufstellung bedankte sich Lara noch einmal für die Aufstellung, sie fühlte sich insgesamt leichter und voller Hoffnung. Sie war beeindruckt von der Sinnhaftigkeit des eigenen Leids auf dem Hintergrund der elterlichen Erfahrungen. Die Lösungsbilder und -sätze hatten ihr Mut gemacht. Ich bin sicher, dass sich ihr Prozess der Ablösung im Alltag vervollständigen wird, gute Lösungen dürfen sich ins Leben entfalten.

## *Für meine Mutter und meinen Vater*

- Setzen Sie sich für einige Minuten hin, denken Sie an Ihre Eltern. Auch wenn sich Mutter und Vater nicht gut verstanden haben, so gehören sie als Eltern doch zusammen. Schließlich haben sie sich irgendwann entschieden, ein Paar zu sein und Kinder zu bekommen, egal, wie sie diese Rolle später ausfüllen konnten.
- Stellen Sie sich in Gedanken vor die Eltern, in einem für Sie guten Abstand, und erzählen Sie ihnen von Ihren Wünschen nach einer guten Partnerschaft, von Ihrer Suche nach Liebe und Glück: Liebe Mama, lieber Papa, ich bin eure Tochter, euer Sohn. Ich habe lange Zeit geglaubt, dass es meine Aufgabe ist, euch glücklich zu machen. Lieber Papa, ich fühlte mich dafür zuständig, dass du bei uns bleibst. Jetzt weiß ich, dass das viel zu viel für mich war. Ich kann das alles für euch nicht lösen. Ihr seid die Großen und ich die Kleine, der Kleine. Ihr gebt und ich nehme. Bitte gebt mir euren Segen, wenn ich in die Welt gehe und mir mein Glück nehme. Bitte, Papa, schau freundlich auf mich, wenn ich mich an die Seite eines Mannes stelle und bei ihm bleibe. Bitte, Mama, schau freundlich auf mich, wenn ich mir eine Frau nehme und sie glücklich mache.
- Mit toten wie lebenden Eltern können wir in einen inneren Dialog treten, wir können meditieren oder einen langen Brief schreiben, in dem wir unsere Wünsche, unsere Liebe, aber auch unsere Enttäuschung und unser Bedauern noch einmal ausdrücken. Die Traurigkeit darüber wird heilsam sein.

# Die Gegenwarts-familie

## Der Abschied von der ersten großen Liebe

Trennungen schmerzen, Abschiednehmen tut weh. Wenn wir Glück haben und schnell wieder Menschen treffen, in die wir uns verlieben, merken wir zunächst nicht, dass wir noch verbunden sind oder dass etwas noch nicht gelöst ist. Doch wir werden gezwungen hinzuschauen, wenn alte ungeliebte Gefühle wieder auftauchen, wenn es nicht mehr so gut weitergeht, wenn wir wieder in ähnlichen Sackgassen ankommen wie mit unseren früheren Partnern. Dann kann es sein, dass wir noch nicht abgelöst waren, dass wir die Chance der Entwicklung in der vorangegangen Trennungsphase nicht ausreichend genutzt haben.

Um sich einlassen zu können, ist es wichtig, auch loszulassen. Dies gilt für die, die gegangen sind, gleichermaßen wie für jene, die verlassen wurden. Trennungen sind immer schwer und der Rest der Welt will selten allzu viel und allzu lange davon wissen. Wir leben in einer Gesellschaft, in der es verpönt ist, zu trauern.

Häufig verdrängen wir auch den Schmerz nach einer Trennung, weil unser Alltagsbewusstsein sich gestört fühlt und nichts damit anfangen will. Es kann auch sein, dass wir unseren Schmerz nicht loslassen und verwandeln können, wir bleiben in einem Stadium des Trauer- und Verabschiedungsprozesses stecken.

Verena Kast hat sich in ihrem Buch *Sich einlassen und loslassen* mit diesem Thema auseinander gesetzt und wertvolle Ideen zur Verarbeitung in Trennungsphasen beschrieben. Abschiedliches Leben ist etwas zutiefst Menschliches. Wir müssen im Leben immer wieder Abschied nehmen, von Eltern, von Kindern und Partnern, von Orten, von Arbeitsmöglichkeiten, um uns neuen Menschen, Visionen und Lebensaufgaben zu widmen. Damit wir uns wirklich einlassen können, müssen wir immer wieder loslassen. Und das setzt Zeit und innere Auseinandersetzung voraus. Wenn unsere Trauergefühle, unser Groll, aber auch unsere Liebe abwandern in den Untergrund, werden sie in der nächsten Beziehung wieder auftauchen und für Unruhe sorgen.

Gerne verdrängen wie den Schmerz nach einer Trennung und begeben uns zu schnell wieder auf die Suche.

Verena Kast nimmt vier Phasen an, die wir durchlaufen müssen, wenn wir Abschied von einem geliebten Menschen nehmen. Ich möchte sie hier kurz skizzieren: In der ersten Phase wollen wir nicht wahrhaben, was geschehen ist, wir sind entsetzt und möchten glauben, dass alles nur ein böser Traum ist. In der zweiten Phase brechen Gefühle auf. Trauer, Angst, Freude, Zorn und andere Empfindungen vermischen sich in einem wilden, manchmal den Schlaf raubenden Durcheinander. Es gilt, sie alle anzunehmen und sie zu durchleben. In der dritten Phase werden die Probleme mit dem Partner aufgearbeitet, der eigene Anteil am Zerbrechen der Beziehung kann gesehen werden. Unser inneres Bild vom früheren Partner darf sich verändern, schließlich darf er gehen. Wir erkennen, was wir aus der Partnerschaft »herausgeliebt« haben, und nehmen die Essenz davon mit in unser zukünftiges Leben. In der vierten Phase akzeptieren wir den Verlust, wir besinnen uns auf uns selbst, neue Beziehungen und neue Lebensmöglichkeiten werden wieder möglich. Die Phasen überlappen sich selbstverständlich und sind nicht voneinander zu trennen, sie sollten aber alle durchlaufen werden, damit Abschied und neues Leben wieder möglich werden.

Wenn wir einen solchen Verabschiedungsprozess durchlaufen, brauchen wir Zeit und Unterstützung von außen. Wenn wir die Ablösungsphase von einem geliebten Menschen als einen Tunnel sehen, den wir durchwandern müssen, dann wartet auf uns am Ende des Tunnels ein Geschenk. Wenn wir zu früh diesen Weg abbrechen, an kleinen Lichtpunkten schon vorzeitig versuchen, ans Licht zu kommen, werden wir das Geschenk verpassen. Wer den ganzen Weg geht, wird reich beschenkt: Die Beziehungsfähigkeit durfte wachsen, das Selbstbewusstsein sich stärken, die Angst vor dem Leben abnehmen. Die Menschen, denen wir jetzt begegnen, passen besser zu uns und unseren Visionen vom Leben.

Was ich beschreibe, ist ein Idealverlauf. Ideale aber lassen sich oft nicht erreichen. Wir haben Angst, alleine zu bleiben, wir glauben, schon weit genug zu sein, und lassen uns zu schnell auf die nächste Beziehung ein. So ist das Leben, manchmal verworren und ziemlich durcheinander. Idealbilder sind dazu da, um sich ihnen bestenfalls anzunähern. Hinzu kommt, dass wir nicht gelernt haben, uns zu trennen. Wir haben ein Bild, wie Hochzeiten gefeiert werden, aber auf Trennungen werden wir nicht vorbereitet. Wenn Kinder dazwischenstehen, sind sie oft die Leidtragenden. Mediation und Paargespräche erleichtern die Orientie-

Trennungs- und Scheidungsrituale können uns in schwierigen Phasen begleiten und Halt geben.

rung, die emotionale Verarbeitung aber fällt immer schwer und die meisten bleiben damit alleine. Wir geben nicht nur den Partner auf, vielfach auch das an den Partner und die Kinder gebundene Zuhause. Es gibt noch keine für alle zugängliche und die Seele ergreifenden Rituale, die solche existenziellen Prozesse begleiten und uns in diesen schweren Zeiten halten könnten. Vereinzelt fangen Menschen an, Scheidungsrituale und -feste zu feiern – ein Feld, das sich in den nächsten Jahren noch entwickeln wird. Wir werden mit Trennungen leben müssen und neue Möglichkeiten entdecken, damit besser umzugehen.

## Aussöhnung mit den früheren Lebensgefährten

Ob wir das wollen oder nicht, frühere Beziehungen wirken ins jetzige Leben hinein. Wir bleiben auf geheimnisvolle Weise mit unseren früheren Partnern verbunden. Jede neue Liebe birgt eine Vielzahl von Geschenken in sich, lässt uns wachsen und lernen. Da Trennungen nicht immer achtsam vollzogen werden, können wir zu lange und manchmal noch auf unselige Weise mit früheren Partnern verbunden sein. In einer Aufstellung der Gegenwartsfamilie können wir Trennungen und Abschiede noch einmal nachvollziehen und das nicht Gesagte endlich aussprechen. Würdigung und Achtung sind die wichtigsten Wegbegleiter auf dieser Strecke.

Bert Hellinger entwickelte ein spezielles Vorgehen, in welchem die Partner in der Reihenfolge ihres Auftretens im Leben in einer Rangfolge stehen und ihre Rolle in dieser Position noch einmal besonders geachtet und gewürdigt wird. Damit habe ich gute Erfahrungen gemacht.

»Ich achte dich als meine erste (zweite, dritte Frau usw.)«, so könnte der rituelle Dialog beginnen. Die Würdigung der besonderen Rolle als erste Frau oder erster Mann kann von späteren Partnern unterstützt werden beispielsweise in dem Satz: »Du warst der erste Mann, ich bin der Zweite« oder »Ich achte dich als die erste Frau«.

Wir achten damit unsere früheren Lebensgefährten, aber auch die Tatsache, dass der frühere Mann oder die frühere Frau unseres Partners Platz für uns gemacht hat und wir jetzt deren Stelle einnehmen. Implizit kann uns das von der Aufgabe befreien, eine anstrengende Sonderstellung im Leben des Partners einnehmen zu müssen. Es kann heilsam sein zu denken: Ich bin eine oder einer in einer Reihe und das, so gut ich es vermag.

Eine weitere Annahme ist, dass wir einen Partner nur schwer nehmen können, wenn wir spüren, dass der frühere Partner ungerecht behandelt wurde oder noch leidet. Wir haben eine Antenne für das Ungelöste im Herzen der Systeme und verhalten uns unbewusst danach. So wird in Aufstellungen immer wieder beobachtet, dass die neuen Gefährten ihre Männer und Frauen nicht ganz nehmen können, wenn sie unbewusst spüren, dass durch den Groll des alten Partners deren Platz noch nicht wirklich frei ist. Hier kann die Aufstellung ein für alle heilsames Ritual sein – für den alten und den neuen Partner.

Indem wir unsere früheren Partner achten, machen wir den Platz an unserer Seite frei für den zukünftigen Seelengefährten.

Zu einem so genannten Gegenwartssystem gehören alle wichtigen Partner und alle Kinder, auch die aus früheren Partnerschaften. Es ist einfacher für die Kinder, wenn wir auf die früheren Lebensgefährten freundlich schauen können. Wenn wir den Vater oder die Mutter verdammen, geben wir indirekt auch dem Kind das Gefühl, das etwas mit ihm nicht richtig ist. Wenn wir in dieser Weise gegen einen früheren Partner wettern, identifizieren wir ihn damit, was er getan oder uns angetan hat. Dass wir selbst mit dazu beigetragen haben, dass wir ein Teil dieses Beziehungssystems waren, unterschlagen wir gerne. Wenn Eltern sich gegenseitig beschuldigen, wachsen Kinder in einem ungelösten Feld auf. Eine Fortsetzung des Dilemmas ist so garantiert: Die Kinder tragen das Ungelöste aus der Familiengeschichte in ihre späteren Beziehungen hinein, um es dort zu lösen.

Wenn wir einen Menschen zur Frau oder zum Mann nehmen, nehmen wir auch deren ganze Geschichte. Ich habe häufig in meiner Praxis erlebt, dass junge ungebundene Frauen mit älteren geschiedenen Männern und Vätern zusammenkommen und die Partnerschaft leben wollen wie die Liebe zu einem jüngeren ungebundenen Mann. Das geht in der Regel nicht gut. Diese Frauen sind sehr enttäuscht darüber, dass der Mann die Kinder wichtiger nimmt als sie, zumindest erleben sie es so. Sie beobachten die Auseinandersetzungen mit der getrennten Frau und haben den Verdacht, dass er seine Frau doch noch liebt. Wieso geht er sonst so oft dahin, warum hat sie sonst noch so viel Einfluss auf seine Zeitplanung? Sie verwechseln die Loyalität mit der ersten Frau und Mutter der gemeinsamen Kinder mit einer verbotenen Liebe, die ihnen weggenommen wird. Und wahrscheinlich haben sie auch immer ein wenig Recht und der Mann ist noch nicht wirklich von seiner Frau gelöst, auch wenn das gemeinsame Familienleben schon lange nicht mehr existiert.

Eine solche Situation kann von den Betroffenen wie ein unerträgliches Beziehungsfieber erlebt werden. Ratschläge können dann schwer angenommen werden. Auch Familienaufstellungen haben selten die Macht, ein solches Fieber zu löschen. Diese Paare auf der Suche nach Liebe und Glück werden vielleicht noch eine Weile kämpfen müssen. Es kann sein, dass auch sie beide einem inneren unbewussten Motiv oder Mythos folgen und sich nach einer guten Lösung sehnen. Sie will vielleicht den Mann vor der bösen Frau retten und er möchte alle Frauen glücklich machen und versteht nicht, warum er es wieder nicht schafft. Eine Geschichte, die wiederum mit vielen anderen Geschichten in unseren Familien, wie wir in den vorherigen Kapiteln gesehen haben, verbunden sein kann.

Lars kam mit seiner Lebensgefährtin Liliana ins Aufstellungsseminar. Seit mehr als einem Jahre waren sie zusammen, aber es kriselte immer wieder, die Beziehung stand auf der Kippe. Liliana äußerte den Verdacht, dass der Platz an seiner Seite noch nicht frei sei. Die Mutter seiner Kinder, seine frühre Frau, spielte ihrer Ansicht nach immer noch eine zu große Rolle. Lars wollte sich seine Gegenwartsfamilie anschauen und versprach sich davon einen Gewinn für die jetzige Liebe. Zu seinem Gegenwartssystem gehörten seine erste Freundin und große Liebe, seine erste Frau, die gemeinsamen Kinder und Liliana, seine jetzige Lebensgefährtin.

Ich mache immer wieder die Erfahrung, dass sich alter Groll und Eifersucht schnell auflösen, wenn die alten Beziehungspartnerinnen und Gefährten angeschaut und gewürdigt werden. Das kann so weit gehen, dass sie am Ende einer Aufstellung ausdrücken, dass sie sich nun setzen, zurücktreten oder ins eigene Leben gehen möchten. In der Regel wird das von allen Betroffenen als große Erleichterung erlebt.

Im ersten Aufstellungsbild stand der Stellvertreter von Lars den Frauen gegenüber und schaute sie freundlich an. Er hatte zu allen eine gute Verbindung, bezog aber auch keine richtige Stellung zu den Frauen. Ich ließ Lars in die eigene Position treten und zur ersten Freundin gehen. Sie schauten sich freundlich an und er konnte ihr leicht und selbstverständlich sagen: »Du warst meine erste Liebe, ich danke dir für das, was du mir gegeben hast.« Ich achte in der Regel sehr auf die Reaktionen der Menschen, die einen rituellen Dialog vollziehen.

Wenn noch Groll oder andere weniger freundliche Gefühle geäußert werden, müssen sie ausgesprochen werden. »Du hast mir wehgetan« oder »Du hast mich sehr verletzt« sind typische Sätze. Dann kann die andere Person leichter darauf reagieren und beispielsweise sagen: »Es tut mir jetzt Leid.« Hier war dies nicht nötig.

Lars ging daraufhin zur zweiten Frau und Mutter seiner beiden Kinder. Sein Bedauern war in der Gegenüberstellung deutlich zu spüren. »Schade«, sagte er traurig, »ich danke dir für deine Liebe und für die gemeinsamen Kinder.« Es ist ganz wichtig, dass nicht zu viel gesprochen wird, so können sich die Gefühle zwischen den Menschen in einem Aufstellungsbild besser entfalten.

»Bitte schau freundlich auf mich, wenn ich mich zu meiner jetzigen Lebensgefährtin stelle«, bat er nun die frühere Frau und ging zu Liliana.

»Sie ist eifersüchtig auf meine Exfrau«, bemerkte er gleich.

An dieser Stelle wurde deutlich, wie wichtig es wiederum für die jetzige Frau war, die früheren Frauen anzuerkennen. Wenn sie diesen Mann nehmen will, muss sie ihn ganz nehmen, mit seiner Geschichte und allen Familienmitgliedern, die dazugehören. Liliana fiel es schwer, zu den Frauen zu gehen und sie als erste Frauen zu achten. Da wir zuvor eine bewegende Aufstellung mit ihr gemacht und dort ihre Sehnsucht nach dem Vater bearbeitet hatten, stellte ich ihr den Vater als gute Kraft in den Rücken. Nun konnte sie die Frauen anschauen und ihnen ihren ersten und zweiten Platz und ihre Rolle im Leben von Lars zugestehen. Mit ihrem Vater im Rücken brauchte sie keine Angst zu haben, ihren Freund zu verlieren.

Wollen wir einen Partner nehmen, müssen wir ihn ganz nehmen, mit seiner ganzen Familie und Geschichte.

Nach diesem Ritual stellte sie sich an die Seite von Lars, der schon auf sie wartete und sie gleich in den Arm nahm. Sie war sehr bewegt und weinte.

Wenn zwei Menschen zusammenkommen und einer noch etwas nicht richtig abgeschlossen hat, ist es häufig so, dass auch die andere Person noch Ungelöstes mit sich trägt. Das kann eine große gemeinsame Chance sein, es kann aber auch so viel Leid schaffen, dass gute Lösungen in weiter Ferne scheinen. Mit Projektionen, Vorwürfen und emotionalen Verwechslungen kann ein Paar ein gemeinsames Klima schaffen, in dem beide nicht länger leben können. Die Trennung scheint dann der einzige Ausweg zu sein. Auf diesem schmalen Grad bewegten sich Lars und Liliana mit ihrer Liebe.

Um die Verzahnung der beiden Geschichten besser zu verstehen, können wir uns auch Lilianas Herkunftssystem genauer anschauen. In ihrer Familienaufstellung zeigten sich die Hintergründe für eine große und schmerzhafte Sehnsucht nach dem Vater. Der Vater war aus einem lateinamerikanischen Land nach Deutschland gekommen und hatte mit Lilianas Mutter eine Familie gegründet. Liliana war neun Jahre alt, als er sich von Mutter und Tochter trennte. Heute lebt er wieder in seiner Heimat.

In der Aufstellung stand die Stellvertreterin von Liliana zunächst zwischen den Eltern, sodass die Eltern sich nicht anschauen und aufeinander beziehen konnten. Das ist immer eine schwierige und mit Leid verbundene Position für ein Kind. Es kann vermutet werden, dass sie das Ungelöste zwischen den Eltern trägt. In einer ersten Bewegung trat sie heraus, sodass sie die Eltern sehen konnte und auch die Eltern Kontakt miteinander aufnehmen mussten. Liliana, die sehr bald den eigenen Part im Prozess übernahm, fiel es sehr schwer, auf den Vater zuzugehen. Sie konnte es nur mit Erlaubnis der Mutter, die nach Lilianas Erinnerung von einer

»Hassliebe« zu dem Mann und vielleicht zu Männern generell erfüllt war. Ich stellte der Mutter die eigene Mutter als weibliche Kraft in den Rücken. Lilianas Mutter erlaubte ihr nun, zum Vater zu gehen. Zuvor hatten wir seine Heimat dazugestellt. Vater und Tochter näherten sich in einer bewegenden Umarmung; die Stellvertreterin für seine lateinamerikanische Heimat sagte zu ihr: »Du gehörst zu uns.«

Wenn wir uns einspüren in Lilianas Geschichte, ihre Sehnsucht nach dem abwesenden Vater, aber auch die starke Ablehnung der Mutter gegenüber dem Vater, und uns dann die heutige Geschichte mit Lars anschauen, verstehen wir, wie schmerzhaft sich das Ungelöste im Herzen der Systeme in den nachfolgenden Generationen bemerkbar machen kann. Die Exfrau von Lars wurde von Liliana als Bedrohung und Lars als sehr fern erlebt. Möglicherweise projizierte sie ihre innere Not und alle damit zusammenhängenden Figuren auf die jetzige Beziehung. Das schafft aber auf Dauer keine Erleichterung, weil die geforderte Änderung des Partners nie ausreichen kann. Sie trifft nicht den wirklichen und ursprünglichen Kern des Leids.

Ich möchte Paaren mit dieser Geschichte Mut machen, ihre Beziehungskrisen als Ausdruck einer viel ursprünglicheren Erfahrung anzusehen, die wir uns anschauen und verwandeln können. In einem späteren Telefonat, indem ich Liliana um die Veröffentlichung ihrer Aufstellung bat, teilte sie mir mit, dass sie immer noch viel Angst habe, Lars zu verlieren. Ihr war auch bewusst, wie sehr sie Lars immer wieder durch ihr Misstrauen verunsicherte und auf diese Weise Trennungsgedanken und -wünsche geradezu provozierte. Liliana, die ihren eigenen Anteil am Beziehungsgeschehen nun besser einschätzen konnte, suchte sich schon kurz nach dem Seminar eine Therapeutin, mit der sie ihre Geschichte bearbeiten wollte.

Beziehungskrisen weisen uns oft auf Verstrickungen in unserer Ursprungsfamilie hin, aus denen wir uns lösen sollen.

Eine größere Bewusstheit durch Aufstellungen reicht häufig in akuten Krisen nicht aus. Ich rate den Teilnehmerinnen und Ratsuchenden in meinen Seminaren, sich gute Paar- oder Einzeltherapeuten zu suchen. Manchmal werden auch zu große Hoffnungen in ein Aufstellungsseminar hineingelegt. Dann kann ein erneutes Aufflammen konfliktreicher Situationen von noch größerer Hoffnungslosigkeit und dem Gefühl von Ohnmacht gefolgt sein. Aus eigenen leidvollen Erfahrungen heraus weiß ich, wie schwer es ist, Beziehungskrisen auszuhalten und Trennungen zu akzeptieren, wenn andere Lösungsmöglichkeiten nicht mehr zur Verfügung stehen oder von beiden Partnern nicht getragen werden können. Und leider können wir immer nur im Nachhinein ermessen, wie wichtig genau diese Phase, diese Trennung, dieser Abschnitt in unserer Lebensgeschichte war, um uns von noch viel älteren Schmerzen zu lösen und frei zu werden für neue Lebensmöglichkeiten.

## Gehen oder bleiben?

Wann ist es richtig zu bleiben, wann ist es besser, sich zu trennen? Eine schwierige Frage, die letztendlich nur die Betroffenen selbst beantworten können. Mariannas größter Herzenswunsch war es, bei ihrem jetzigen Mann zu bleiben. Vier wichtige Männer gab es in ihrem Leben. Sie war nun das dritte Mal verheiratet und spürte in Krisenmomenten immer wieder neu den übermächtigen Wunsch, ihren Koffer zu packen bzw. ihren Lebensgefährten wegzuschicken. Sie hatte bereits mehrere Aufstellungen bei anderen Aufstellern gemacht und kannte die Geschichte ihrer Familie und die Zusammenhänge und Verstrickungen in ihrem Leben sehr gut. Für den ersten Mann entschied sie sich im Alter von zwanzig Jahren. Er lebte am Rande der gesellschaftlichen Norm, zeigte kriminelles Verhalten, Mariannas Eltern waren gegen die Heirat. Marianna aber setzte sich durch. Später erfuhr sie, dass sich mit ihrer eigenen Geschichte etwas Essenzielles wiederholte. Auch ihr Vater hatte eine Frau heiraten wollen, die seine Familie nicht akzeptierte. Als Polin passte seine große Liebe nicht in die dörfliche Gesellschaft. Auf Druck der Familie nahm er schließlich eine Bauerntochter aus dem Ort. Seiner ältesten Tochter gab er den Namen Marianna. Wen wundert es, dass sie als Vatertöchterchen an seiner Seite aufwuchs. Marianna erinnerte sich an die Eifersucht und Ablehnung ihrer Mutter. Die Mutter hatte von der früheren Geliebten des Vaters gewusst und möglicherweise ihre Eifersucht auf die Tochter übertragen.

Da Mariannas Partnerwahl mit dem Ungelösten in der Familiengeschichte in einer zu engen Verbindung stand, ging die Ehe nicht gut. Aber auch beim nächsten Mann, der ihr eine Tochter schenkte, blieb sie nicht lange. Mit dem dritten Mann, einem Engländer, lernte sie die Welt und die englische Sprache kennen, die Beziehung wurde von ihr nach fünfzehn Jahren beendet. In ihrem jetzigen Mann hatte sie erstmals einen Partner gefunden, der sie nicht mehr loslassen wollte. Auch sie wünschte sich bei ihm zu bleiben, hatte aber immer wieder Zweifel und Angst, dass sie doch gehen würde.

In der Aufstellung ging sie zu jedem dieser Männer, dankte ihnen für die Liebe, für die gute Zeit, ihre Tochter und alles andere, was sie geschenkt bekommen hatte. Den Männern tat die Achtung sichtlich gut. Sie traten im Verlaufe des Prozesses langsam zurück, sodass Marianna den Platz an der Seite des jetzigen Partners einnehmen konnte. Sie spürte auch hier zunächst eine Tendenz weiterzugehen. Erst als ich ihr die Mutter als

Mit einer guten weiblichen Kraft im Rücken ist es für Frauen einfacher, sich an die Seite eines Partners zu stellen.

gute weibliche Kraft in den Rücken stellte, konnte sie stehen bleiben und sagen: »Bei dir bleibe ich.« Sie war sehr berührt und erstaunt, dass sie die Kraft ihrer Mutter, das Weibliche, das sie von ihr bekommen hatte, nun endlich annehmen konnte. Sie stand nun fest an der Seite ihres jetzigen Mannes.

Marianna hatte mit den vorangegangenen Aufstellungen eine gute Vorarbeit für weitere Prozesse in ihrem Leben geleistet. Peu à peu konnte sie so die schwersten Steine aus ihrem Leben rollen, um sich von den Eltern und alten Aufträgen und Lebensmustern abzulösen. Mit zunehmender Annäherung an die Mutter, die sie heute nehmen kann, wie sie ist, löste sie sich auch zunehmend aus dem Komplex der Vatertochter und stellte sich auf die Seite der Frauen. Davon wird ihr weiteres Beziehungsleben auf Dauer profitieren.

In einem Aufstellungsseminar lernte ich Peter kennen, der mit seiner dritten Frau, mit der er ein Kind hatte, nicht richtig glücklich sein konnte. Er wollte sie nicht heiraten, es gab immer wieder ein Hindernis, das er nicht überschreiten konnte. Die beiden ersten Frauen hatten sich schon ein Kind von ihm gewünscht. Weil er weder Ehemann noch Vater werden wollte, gingen die Beziehungen auseinander. Bei der dritten Frau war die Ausgangslage wieder die gleiche. Er wollte wieder kein Kind. Sie aber wurde schwanger und er konnte sich nach anfänglichem Missbehagen sehr darüber freuen. Nun aber plagte ihn ein schlechtes Gewissen gegenüber den ersten beiden Frauen und das machte es ihm schwer, die jetzige ganz als seine Frau zu nehmen. Er stellte diese drei wichtigen Frauen in seinem Leben auf und es wurde schnell deutlich, dass er bei der jetzigen Frau nicht gut stehen konnte. Ich ließ ihn zu den ersten beiden Frauen gehen und sie noch einmal anschauen. In einer solchen Gegenüberstellung wird schnell deutlich, wo die Liebe am stärksten war. Bei Peter war es die zweite Frau.

»Schade«, sagte er zu der zweiten Frau, und Tränen schossen ihm in die Augen. »Schade«, erwiderte die Frau, auch sie begann zu weinen.

»Es tut mir Leid. Ich sehe, dass ich dir wehgetan habe«, ergänzte er immer noch sehr berührt. Auch die Stellvertreterin der Frau war sehr traurig. Seine Worte und Tränen taten ihr sichtlich gut, weckten aber auch spürbar die Liebe, die einmal zwischen ihnen war. Die eigene Geschichte annehmen, auch wenn wir Chancen scheinbar verspielt haben, kann sehr schwer sein. Fragen drängten sich auf: Warum ist Peter nicht bei der zweiten Frau geblieben? Warum hat er damals nicht ja zu ihrem Kinderwunsch sagen können? Hier spielen sicher weitere lebensgeschichtliche oder familiäre Geschichten eine Rolle.

Im wirklichen Leben erfuhr die Begegnung mit seiner zweiten Lebensgefährtin eine Fortsetzung. Kurz nach diesem Wochenende ließ ein Zufall Peter die Verbindung zu der zweiten Frau wieder aufnehmen. Mittlerweile war sie verheiratet und hatte Kinder mit ihrem jetzigen Mann. Nach dem ersten Treffen entwickelte sich eine enge platonische Freundschaft, Begegnungen auf einer neuen und sehr intensiven Stufe waren plötzlich wieder möglich. Die schwierige Beziehung zu der jetzigen Frau und Mutter seines Kindes veränderte sich jedoch nicht. Peter teilte mir mit, dass er das jetzt hinnehmen könne. Eine Paartherapie komme im Augenblick nicht für ihn in Frage.

In ähnlichen Fällen kann es sinnvoll sein, im Herkunftssystem der betroffenen Personen nach möglichen Erklärungen und Lösungen zu suchen. Warum können Menschen wie Peter nicht bleiben? Warum ist die aktuelle Frau oder der aktuelle Mann immer nicht der Richtige? Gibt es ähnliche Geschichten in der Herkunftsfamilie oder leidvolle Erfahrungen mit unglücklichen Eltern, die nicht verlassen werden dürfen?

Menschen leiden auf lange Sicht darunter, wenn sie immer wieder neue Beziehungen eingehen und nicht bleiben können. Ihre Beziehungswahl scheint einer gewissen Beliebigkeit zu folgen. Bert Hellinger vermutet, dass die Bindung mit jedem neuen Partner abnimmt. Das mag sein. Ich teile aber nicht seine Ansicht, dass ein solcher Mensch die Liebe verspielt hat.

Manchmal übersehen wir, dass Menschen mit einem solchen Beziehungsverhalten süchtig nach Beziehungen sind und es mehr um den »Stoff«, um den Beziehungskick als um den anderen geht. Solche Menschen leiden unter einem sehr geringen Selbstwertgefühl und brauchen den anderen, um sich selbst zu spüren. Anne Wilson Schaef hat in ihrem Buch *Die Flucht vor der Nähe* typische Suchtmuster beschrieben, denen Menschen in Beziehungen folgen. Eine tiefe Bindung ist dann tatsächlich nicht möglich. Manchmal trifft aber auch die Deutung in Richtung Sucht nicht das Wesentliche. Und dann kann es interessant sein, die Verstrickung oder den Mythos bzw. den Traum hinter der scheinbar sinnlosen Beziehungswahl kennen zu lernen, um sich dem Ungelösten zu nähern, das sich in der auf Dauer leidvollen Wiederholung ausdrückt.

Wir können uns zu jedem Zeitpunkt verändern, um ein altes schmerzhaftes Muster nicht länger zu wiederholen.

Ich glaube, dass wir zu jedem Zeitpunkt unseres Lebens einlenken und uns verändern können, wenn wir das wirklich wollen oder das Leben einen Einschnitt erzwingt und die Wiederholung des alten Musters nicht länger erlaubt. Wenn wir lernen, bewusster mit unseren Erfahrungen umzugehen, tun sich immer neue Wege auf.

Wenn wir unsere Partner verletzt haben, kann es gut sein, die Verantwortung für den Trennungsschritt oder die geübte Gewalt oder was auch immer zu übernehmen. Das heißt, es nicht länger zu leugnen. Damit geben wir uns selbst und den anderen frei.

Isabel ist Anfang vierzig und lebt immer wieder mit Männern zusammen, die noch andere Frauen nebenbei haben. Dieses Beziehungsmuster kennt sie aus frühesten Jugendjahren. Schon mit zwanzig trennte sie sich von einem jungen Mann, der im Verlaufe der Partnerschaft mehrere heimliche Beziehungen zu anderen Frauen unterhielt. Ihr Mann, den sie mit Ende zwanzig kennen lernte, hatte immer auch noch andere Frauen, mit einer zeugte er sogar ein Kind. Lügen und Geheimnisse zogen sich durch die gemeinsamen Beziehungsjahre. Schließlich trennte sie sich, blieb aber wegen des gemeinsamen Betriebes auf dem Gelände wohnen. Bald nach der Trennung lernte sie einen neuen Mann kennen, der mit ihr und der Tochter aus erster Ehe und einem Kind von ihm heute zusammenlebt. Aber auch mit diesem Mann stellte sich jetzt das alte Thema. Vor der Aufstellung sprachen wir über die wichtigsten Beziehungen und Partner in ihrem Leben, die sie kurz darauf aufstellte. Im Alter von vierzehn war sie in einen Jungen verliebt gewesen, der bei einem Motorradunfall ums Leben kam. Auch wenn sie nie richtig mit ihm zusammen war, beschrieb sie ihre Liebe zu diesem Jungen als eine sehr tiefe. Mit sechzehn wurde sie von ihrem nächsten Freund schwanger und musste auf Betreiben der Mutter das Kind abtreiben. Wieder war eine Liebe mit einem schweren Verlust verbunden. Mit zwanzig trennte sie sich von diesem Freund. Einer der Gründe war seine Untreue. Der nächste Partner war sehr treu, aber langweilig, Isabel trennte sich auch wieder von ihm. Es folgten ihr Mann und der jetzige Lebensgefährte.

In der Begegnung mit dem Stellvertreter des toten Jugendfreundes fing Isabel sofort an zu weinen. Ich lud sie ein, sich auf den Boden zu legen, damit sie sich von ihm verabschieden konnte. Sie legte sich noch einmal in seinen Arm und spürte die vermisste Liebe und Trauer. Dann trennte sie sich mit dem Satz »In meinem Herzen hast du einen ganz großen Platz«.

Zu dem zweiten wichtigen Partner stellten wir das abgetriebene Kind, ich ließ es sich bald vor die Mutter setzen. Eine bewegende Szene zwischen Isabel und ihrem Kind vollzog sich. Isabel kniete sich vor das Kind auf den Boden, hielt es im lange im Arm und sagte: »Du bist trotzdem mein Kind ... Schade.« Auch die Stellvertreterin für das Kind war sehr bewegt. Die beiden fühlten sich sehr nah. Isabel erzählte, dass sie früher nicht trauern konnte, sie war eher verunsichert gewesen und musste in der Folge zum Beispiel auch die Klasse wiederholen. Mit ihren sechzehn Jahren war sie wahrscheinlich viel zu jung gewesen, um zu begreifen, was mit ihr passierte.

Die abgetriebenen Kinder in einer Aufstellung, ihre Stellvertreter, stehen immer auch ein wenig für einen Teil in den Frauen, der nicht angeschaut und um den nicht getrauert wurde. In Isabels Aufstellung drängte sich mir diese Vorstellung sehr deutlich auf. Die nachgeholte Verbindung zwischen einer Frau und ihrem früh verstorbenen Kind – dabei spielt es keine wesentliche Rolle, ob es sich um eine Abtreibung oder eine Fehlgeburt handelt – kann auch als Wiederentdeckung eines verlorenen und gebrechlichen Persönlichkeitsteils gesehen werden: Kontaktaufnahme mit einem Teil, der sich nicht entfalten oder entwickeln konnte, aus welchen Gründen auch immer. Die Frauen erleben sich nach der Begegnung als vollständiger. In der Tiefe spüren sie vielleicht die Verbindung zwischen diesem mit dem Tod des Kindes verknüpften Schicksal und dem eigenen Selbst.

In der Gegenüberstellung mit ihrem Mann, mit dem sie wegen des gemeinsamen Betriebes noch immer verheiratet war, spürte sie eine starke Traurigkeit. Sie bedankte sich bei ihm für das gemeinsame Kind und dafür, dass sie mit ihm gute Lösungen im Alltag und in der gemeinsamen Arbeit gefunden hatte. Der Stellvertreter ihres Mannes hatte das Gefühl, als müsse er ihr noch etwas geben, sie aber drückte aus, dass sie das, was war, jetzt gut annehmen konnte. Sie sagte zu ihm: »Ich sorge jetzt gut für mich.« Auch er bedankte sich bei ihr für alles, was er von ihr bekommen hatte.

Der Stellvertreter des jetzigen Lebensgefährten freute sich über die gegenseitige Würdigung der früheren Partner. Isabel bemerkte in der Begegnung mit ihrem Freund, dass sie nicht gut bei ihm stehe, sie habe Herzklopfen. Ich stellte ihr eine gute weibliche und stärkende Kraft in den Rücken.

»Ich möchte dich nicht verlieren«, sagte sie zu ihm und setzte dann fort: »Ich möchte dich nicht mit anderen Frauen teilen.« Der letzte Satz fiel ihr nicht leicht. Ein »eigentlich« rutschte ihr im ersten Versuch zwischen die Worte.

Nach einem kurzen Gespräch über ihre Angst, auch diesen Mann zu verlieren, stellte sie sich zu ihm mit den Worten »Ich stelle mich jetzt an deine Seite als deine Frau«.

Wenn eine Frau mit einer energischen Haltung neben einem Mann stehen kann, hat ihre Sicherheit immer auch eine Wirkung über das eigene Selbst hinaus, dies könnte sich sogar auf mögliche Liebhaberinnen auswirken. Diese spüren dann, dass er nicht wirklich zu haben ist.

Ich weiß noch, dass ich Isabel zu bedenken gab, dass dieser friedliche Zustand, der sich im letzten Bild der Aufstellung zeigte, sicher nicht gleich im Alltag herstellbar sein würde. Denn nach meiner Erfahrung lassen sich solche Momente erst nach weiteren Auseinandersetzungen erreichen. Haltungsänderungen in einer Aufstellung funktionieren eher wie Projektionen oder Prophezeiungen in die Zukunft und brauchen noch Inputs aus der Wirklichkeit, um sich auch in einer veränderten Beziehungsrealität zu manifestieren.

Haltungsänderungen in einer Aufstellung verändern die Beziehungswirklichkeit in der nahen Zukunft.

Mehrere Monate nach der Aufstellung sprach ich mit Isabel über die Nachwirkungen dieser Aufstellung. Sie berichtete von einer »heißen Zwischenzeit«, erste Trennungsschritte waren bereits unternommen worden. Es war eine Zeit, in der Isabel lernte, Wünsche zu äußern und gleichzeitig loszulassen. In dieser Phase, in der alles verloren schien, kam sie mit ihrem Lebensgefährten auf einer völlig neuen Ebene wieder zusammen. Isabel bemerkte, dass sie vor allem die Verknüpfung von Liebe und Leid nicht mehr spüre, auch dass ihr die Beziehung nicht mehr so überlebenswichtig sei. Neue und freiere Wege der Begegnung seien nun möglich geworden. Sie erlebe ihren Freund nun anders, er habe sich im Verlaufe des gemeinsamen Prozesses sehr geöffnet. Selbst wenn er noch nach anderen Frauen Ausschau halten würde, was Isabel aber nicht glaubte, dann wäre es ihr heute nicht mehr so wichtig. Wenn wir uns von etwas Altem lösen, ist das immer auch eine Chance für den Partner, dass auch er wichtige Schritte weitergeht. Hier drückt sich die wunderbare Verbundenheit unserer eigenen Themen mit den Themen uns wichtiger Menschen und Gefährten aus.

In ihrem Prozess wurde Isabel von einem spirituellen Meister unterstützt. Für manche Menschen ist die Verbindung zu einer göttlichen Instanz hilfreich, um sich von einem alten und schmerzhaften Muster zu lösen.

## Über Kinder, die nicht leben durften

Wie wir in der Aufstellung von Isabel gesehen haben, gehören zum Gegenwartssystem auch abgetriebene Kinder. Wenn Frauen abtreiben, zeigen sie in der Regel nur die Erleichterung, aber nicht die Trauer über das verlorene Kind. Waren sie in einer Zwickmühle und die Entscheidung fiel sehr schwer, wissen sie nicht, wie sie mit dem Geschehenen umgehen können. Paare gehen nach einer Abtreibung häufig zu schnell zur Tagesordnung über und ahnen nicht, dass mit einer Abtreibung häufig auch die Beziehung empfindlich gestört wurde. Unbewusster Groll und Ärger über den Abtreibungswunsch oder die Entscheidung des Partners wirken auf das Paar. Auch wenn ein Kind auf keinen Fall erwünscht war, ist es doch etwas zutiefst Gemeinsames, ein gemeinsames Produkt, das sich nicht entfalten und weiterentwickeln durfte. So wird die Abtreibung zu einem innerlich und unbemerkt wirkenden Bild über die Beziehung. Was darf sich auch hier nicht entfalten und reifen? Viele Paare trennen sich irgendwann nach einer Abtreibung.

Karin ist Mitte vierzig, sie hat zwar einen »Hass auf Männer«, wie sie betonte, wünschte sich aber nach der schon länger zurückliegenden Trennung von ihrem Mann wieder einen männlichen Partner. Karin wollte sich ihr Gegenwartssystem anschauen, um frei zu werden für eine gute Zukunft. Im Vorgespräch erwähnte sie eine Abtreibung. Es war das Kind von ihrem ersten Freund, der sie zwar heiraten, aber zu jenem Zeitpunkt auf keinen Fall ein Kind von ihr haben wollte. Kurz nach der Abtreibung trennte sich das Paar. Kurze Zeit später lernte sie ihren Mann kennen. Mit ihm hatte sie zwei Kinder, nach zwanzig Jahren trennten auch sie sich.

Karin stellte den ersten Freund, das abgetriebene Kind, ihren Ehemann und den Wunschpartner auf. Der Stellvertreter des zukünftigen Lebensgefährten stand weit außerhalb und wollte mit der gesamten Szene noch nichts zu tun haben.

Karin ging zu ihrem ersten Freund und sagte: »Das Kind hat uns getrennt. Es tut mir Leid, dass ich es abgetrieben habe. Es hat sehr wehgetan.« Sie fing an zu weinen und wendete sich dem Kind zu.

»Schade«, sagte sie zu dem Kind, dessen Stellvertreterin auf dem Boden saß, »es tut mir jetzt leid, dass ich mich nicht für dich entscheiden konnte. Du bist trotzdem mein Kind. Du hast einen großen Platz in meinem Herzen.«

Dem Kind tat es sichtlich gut, dass die Mutter um es weinte.

Es ist meistens so, dass Frauen die mit einer Abtreibung verbundenen Schmerzen, aber auch Schuldgefühle ablehnen oder nicht fühlen möchten. Diese wirken dann im Unbewussten weiter. Deswegen ist es gut, die Verantwortung für den Schritt und die Entscheidung bewusst zu übernehmen. »Ich trage die Verantwortung für meine Entscheidung, ich konnte nicht anders«, sagte Karin jetzt zu dem Kind. Von dem Kind konnte das gut angenommen werden.

Frauen erlauben sich oft lange nicht, ihre Trauer oder auch Schuldgefühle um ein abgetriebenes Kind zu fühlen.

Die Verantwortung für eine Entscheidung oder eine Trennungsabsicht zu übernehmen ist immer ehrlicher, als sich schuldig zu fühlen. Wenn wir uns schuldig fühlen, sind wir immer auch Opfer und warten auf Absolution vom Partner, von Gott, von unseren Kindern, von wem auch immer. Wenn wir die Verantwortung übernehmen, selbst für »falsche« Entscheidungen, macht uns das stark.

Karin verweilte lange bei dem Kind, die Begegnung tat beiden sehr gut.

In der Gegenüberstellung mit ihrem Mann brach Karin sofort in Tränen aus, es waren Tränen, die auf tiefe Verletzungen schließen lassen. Sie erzählte uns die bedrückende gemeinsame Geschichte. Ihr Mann hatte sie, noch bevor sie verheiratet waren, bei einem Badmintonspiel mit einem Schläger so sehr verletzt, dass sie das Augenlicht verlor. Als sie sich nach Jahren entschloss, das verletzte Auge, das immer wieder operiert werden musste, durch ein Glasauge ersetzen zu lassen, verließ er sie und die beiden gemeinsamen Kinder und nahm sich noch während des Krankenhausaufenthaltes seiner Frau nach der Operation eine Freundin mit »strahlenden

Augen«. Ihr Mann warf ihr vor, sie habe ihm die Schuld für den Unfall nie verziehen. Er könne es nicht mehr aushalten.

Es ist schwer, hier über Recht und Unrecht des einen oder anderen zu sprechen. Ein Geschehen wie dieser Unfall kann nur gemeinsam getragen werden. Der Unfall aber trennte das Paar, Karin war sich später nicht einmal mehr sicher, ob der Mann sie aus Liebe oder wegen seines schlechten Gewissens geheiratet hatte. Wenn über solche essenziellen Themen nicht gesprochen werden kann, kann ein Paar den schwelenden Konflikt auf Dauer nicht aushalten.

»Der Unfall hat uns getrennt. Wir haben das nicht gemeinsam getragen. Meinen Teil nehme ich zu mir und deinen Teil lasse ich bei dir«, sagte sie in der Aufstellung zu dem Mann und Vater ihrer Kinder.

Schon aus dem Vorgespräch war deutlich geworden, dass Karin im Augenblick sehr alleine war. Die Kinder gingen gerade aus dem Haus, sie hatte nur wenig Unterstützung. Ich stellte ihr als Kraftgeberinnen die Mutter und die Großmutter dazu. Mit diesen beiden Frauen an ihrer Seite konnte sie jetzt sagen: »Es war, wie es war.«

Mit diesem Satz verabschiedete sie sich von Forderungen, die nie mehr erfüllt werden können.

Karin wird Zeit brauchen, diese Aufstellung zu verarbeiten. Es kann zu einem späteren Zeitpunkt gut sein, noch einmal auf die Herkunftsfamilie zu schauen. Gibt es dort Geschehnisse, die mit ihrer Geschichte korrespondieren? Sie wurde von zwei wichtigen Männern in ihrem Leben auf existenzielle Weise verletzt. Vielleicht gibt es Zusammenhänge mit den Schicksalen ihrer Ahnen und Ahninnen. In einem Gespräch wenige Monate nach der Aufstellung erzählte sie mir, dass sie den Unfall nun annehmen und auch ihren Exmann besser verstehen könne. Ihr Sohn habe sich entschlossen, zum Vater und dessen Lebensgefährtin zu ziehen, eine Entscheidung, die sie jetzt sehr unterstützen könne. Der Partnerwunsch sei im Augenblick zweitrangig. Sie brauche noch Zeit, um sich für eine neue Partnerschaft zu öffnen.

## Mutter sein und Vater sein

Ich möchte am Ende dieses Kapitels noch die Geschichte von Ria erzählen. Sie gibt uns ein eindrückliches Beispiel dafür, wie sehr unsere Liebesgeschichten, unsere Achtung oder Nichtachtung der früheren Partner auf unsichtbare Weise mit den Geschichten aus unseren Herkunftsfamilien verknüpft sind und wie groß die Gefahr ist, dass wir die ungelösten Aspekte wiederum auf unsere Kinder übertragen. Wenn wir Kinder haben, sind wir Mutter oder Vater und tragen die Verantwortung für das, was wir unseren Kindern mitgeben. Genauso wie wir die Gebundenheit der Eltern gespürt haben und für diese etwas zu lösen versuchten, werden auch unsere Kinder aus Liebe zu uns Anteile unserer Schicksale ins eigene Leben tragen.

Als Eltern tragen wir Verantwortung für das, was wir unseren Kindern an Ungelöstem mitgeben.

Ria kam zum wiederholten Mal in ein Aufstellungsseminar. Sie machte sich Sorgen um ihre beiden zehnjährigen Zwillingssöhne Andreas und Thomas. Beide hatten Lernschwierigkeiten, sie hatte den Verdacht, dass die Problematik der Jungs viel mit ihrer bösen Haltung gegenüber Männern, insbesondere aber gegenüber dem Vater der beiden, von dem sie schon seit Jahren getrennt war, zu tun hatte. Sie verspürte einen Hass und eine Wut auf diesen früheren Ehemann, der sich auch auf die Söhne übertrug. Wenige Monate zuvor hatte sie bereits daran gearbeitet, dass sie ihre Söhne nicht mehr haben wollte und sich viel lieber zwei Mädchen gewünscht hätte. Damals waren wir auf die Geschichte ihres Vaters gestoßen, der bei der Waffen-SS für den Tod vieler Menschen mitverantwortlich gewesen war. Ria war sehr mit den Opfern des Dritten Reiches identifiziert und lehnte alles Männliche, das ihrer Ansicht nach Gewalt und Schrecken hervorbrachte, völlig ab. Diese Ablehnung hatte sie auch auf den Mann und die Söhne übertragen, so war unsere Hypothese. In den Monaten nach dieser ersten Aufstellung entspannte sich die familiäre Situation. Sie konnte ihre Söhne besser annehmen, hatte aber immer noch eine große Wut auf deren Vater.

Sie stellte dieses Mal ihr Gegenwartssystem, d.h. sich selbst, ihre beiden Kinder und deren Vater auf. Es war ihr nicht möglich, den Exmann als Vater der Kinder zu akzeptieren. Es gab keine Bewegung in Richtung einer guten Lösung für das System. Dabei war deutlich, wie sehr die Söhne sich die Zustimmung der Mutter ihrem Vater gegenüber wünschten, Ria aber blieb hart. Diese Härte ließ sich aus der gemeinsamen Beziehungsgeschichte nicht ausreichend erklären. Dies ist immer ein Hinweis für übernommene Gefühle, die zu einer anderen Zeit und zu einer anderen Generation gehören. Wer hätte einen Grund gehabt, auf einen Mann wütend zu sein? Ich unterbrach die Aufstellung und ermutigte Ria, noch einmal in der Familiengeschichte zu recherchieren, vielleicht fehlte noch etwas ganz Wichtiges, was wir bislang nicht gesehen und berücksichtigt hatten. Am kommenden Morgen präsentierte sie uns das Ergebnis ihrer Suche. Der Vater ihrer Mutter hatte seine Frau und Mutter seiner Kinder verlassen, als diese in psychiatrische Behandlung kam. Die Kinder nahm er mit. Rias Mutter wurde von einer Stiefmutter aufgezogen, von der sie glaubte, dass es ihre leibliche Mutter sei. Der Vater warnte seine Kinder, dass sie mit dieser bestimmten Frau im Dorf, die ja ihre Mutter und seine erste Frau war, nicht sprechen durften. Erst als erwachsene Frau erfuhr Rias Mutter von dem Schicksal ihrer leiblichen Mutter und wer sie überhaupt war.

In der Aufstellung stand Ria vor dem Stellvertreter des Großvaters und eine Wut ging ihr »durch Mark und Bein«. Die Großmutter, die sie auch aufgestellt hatte, blieb regungslos. Es ist sehr wahrscheinlich, dass Ria die Wut für ihre Großmutter auslebte. Die Großmutter hatte sich wegen ihrer Krankheit gegen den Mann und die Wegnahme der Kinder nicht wehren können. Im Verlaufe eines bewegenden Prozesses konnte Ria die Wut bei ihrer Großmutter und ihrem Großvater lassen. Sie stellte sich zu ihrem Exmann und sagte ihm: »Jetzt nehme und akzeptiere ich dich. Als Vater meiner Kinder bist du genau der Richtige, ich danke dir.« Ihren Kindern sagte sie, dass sie sich freue, dass sie da sind, und sie richtige Männer werden dürfen. Die Stellvertreter der beiden Söhne verspürten darüber eine große Erleichterung.

Wenige Wochen später berichtete Ria von gravierenden Veränderungen nach der Aufstellung: »Ich habe ein ganz anderes Verhältnis zu meinen Kindern. Ich habe sie vorher schon geliebt, aber jetzt ist es ehrlicher, weniger eingeredet. Es ist ein sehr schönes Gefühl und befreiend. Es ist heute unbelastet. Ich kann sie in den Arm nehmen und mich über sie freuen. Ich bin stolz, dass ich sie habe. Ihrem Vater gegenüber habe ich ein neutrales Gefühl, ich kann ihn jetzt akzeptieren. Früher habe ich tatsächlich geglaubt, dass ich mir das größte Arschloch für meine Kinder ausgesucht habe. Diese Gedanken sind jetzt weg.«

Ich habe einen großen Respekt vor der Ehrlichkeit, die Ria zeigte. Das Offenlegen der großen Ambivalenz ihren Kindern und Männern gegenüber war der Grundstein für weitere und gute Lösungen für ihr gegenwärtiges Familiensystem. Sie kann heute ihren Söhnen die Freiheit geben, sich zu entwickeln und sogar ihrem Vater ähnlich zu werden. Sie ahnt, welch großes Geschenk sie damit sich selbst und ihren Kindern gemacht hat.

Ehrlichkeit und Akzeptanz angesichts schwieriger Gefühle ermöglichen uns Wachstum und Freiheit.

# *Danke für die Liebe*

- Nehmen Sie sich eine halbe Stunde Zeit, um über sich selbst und Ihre früheren Liebesgeschichten nachzudenken. Welches waren die wichtigsten Partner in Ihrem Leben? Wie sind Sie mit diesen Menschen umgegangen? Konnten Sie die früheren Liebesgefährten so annehmen und lieben, wie sie waren, oder waren Sie eher unzufrieden und wollten sie ändern? Wie haben Sie sich getrennt? Sind Sie bereit, einen Teil der Verantwortung dafür zu übernehmen? Was tut Ihnen heute Leid? Haben Sie die Liebe und die gemeinsame Freude schätzen können?

- Gehen Sie innerlich noch einmal hin, schauen Sie diese Menschen, die Sie in Ihrem Leben für eine Weile begleitet haben, noch einmal der Reihe nach an. Welche Gefühle und Assoziationen tauchen auf. Vielleicht gibt es noch etwas Ungelöstes zwischen Ihnen, eine alte Wut oder Trauer meldet sich wieder. Wehren Sie die Gefühle nicht ab, auch wenn sie im ersten Moment unangenehm sind. Gehen Sie in diese ungeliebten Gefühle wie Groll oder Eifersucht noch einmal hinein und spüren Sie, wie sich die Empfindungen nach einer Weile verwandeln und Sie innerlich wieder ruhiger werden. Was auch immer war, es darf gewesen sein.

- Erinnern Sie sich jetzt an die gemeinsame Liebe. Was haben Sie aus diesem Menschen »herausgeliebt«, was haben Sie an Erfahrung und innerem Wachstum mitgenommen in Ihr jetziges Leben?

- Sagen Sie innerlich DANKE.

# Die Liebe zu dir selbst

## Der liebevolle Blick auf unser Eigenes

Der Weg zu uns selbst – ich habe es schon angedeutet – ist vielleicht der schwierigste Teil der Reise hin zu einem beglückenden Leben zu zweit. Der Seelengefährte lebt schon, sagte Gunthard Weber, einer meiner Lehrer, häufig. Also warum weiterhetzen? Ruhen wir uns aus und schauen uns selbst, unseren Weg und unser Leben an.

Wer sind wir? Was macht unser Wesen aus? Wo sind unsere Schattenseiten, die wir gerne auf andere projizieren? Sind wir mit uns selbst im Reinen? Das Ungelöste in unserem Herzen sucht die Begegnung mit dem Ungelösten im anderen. Beziehungen können so zu einem schmerzhaften Prozess werden.

Wir erwarten vom anderen, geliebt zu werden, wie wir sind, können uns aber selbst noch nicht annehmen, wie wir sind. Wie hört sich das an: Ich liebe mich, so, wie ich bin. Ich bin nicht immer zufrieden mit mir, und die Fettröllchen am Bauch sollten auch lieber verschwinden, aber ich nehme mich so, wie ich bin. Ich bin gut so, wie ich bin, ich nehme mich auch mit meinen abgelehnten Eigenschaften, mit meiner Angst, meiner Einsamkeit, meiner Eifersucht, meinem Geiz, meinem Größenwahn und so weiter. Wenn ich das Abgelehnte, Traurige nehme, nehme ich auch die Lebensfreude, die Ausgelassenheit, meine Lust, zu lieben und in der Welt zu sein.

Manche glauben, das sei ohne Partner nicht möglich. Zu viele Heils- und Glücksvorstellungen werden auf die Traumfrau und den Wunschpartner projiziert. Scheitern ist so vorprogrammiert. Wenn wir uns selbst miserabel behandeln, hat auch die »große Liebe« keine Chance und wird sich als Flop erweisen.

Liebe deinen Nächsten wie dich selbst – ist eines der zehn Gebote in der Bibel. Richtig verstanden habe ich diesen Satz erst als Erwachsene. Die Selbstliebe schien mir selbstverständlich. Natürlich wollte ich schon immer das Beste für mich und habe darauf geachtet, dass ich nicht zu kurz komme und so weiter. Mich selbst lieben, heute verstehe ich es. Es heißt, dass ich mich so nehme, wie ich bin, dass ich meine Eigenheiten schätze, auch wenn andere sie nicht mögen, dass ich mein Äußeres annehme, auch wenn ich nie ein Model sein werde, dass ich einfach und ganz grundsätzlich mit meinem Sosein einverstanden und zufrieden mit mir bin. Wenn ich in den Spiegel schaue und das Blitzen in meinen Augen, meine Freude über mich selbst sich ausweiten und vergrößern darf, dann liebe ich mich. Ich war viele Jahre meines Lebens weit davon entfernt. Ich war kritischer mit mir selbst als mit jedem anderen Menschen auf der Welt.

Erich Fromm schreibt in einem seiner bekanntesten Bücher, *Die Kunst des Liebens*, dass die Liebe zu uns selbst von der Liebe zu den anderen nicht getrennt werden kann. Wer andere lieben kann, liebt immer auch sich selbst. Echte Liebe in frommschen Sinne bedeutet Fürsorge, Achtung, Verantwortungsgefühl und »Erkenntnis«. Sie ist nie nur bloßes Gefühl, sondern »ein tätiges Bestreben, das Wachstum und das Glück der geliebten Person zu fördern«. Das gelingt uns mit anderen Menschen und mit Partnern nur, wenn wir mit uns selbst so umgehen können. Wenn wir uns selbst fördern, beachten, uns leben und gedeihen lassen, dann können wir diesen aktiven Prozess auch auf andere übertragen, dann gelingt uns die Liebe.

Die Liebe zu mir selbst ist die Voraussetzung für die gelingende Liebe zu anderen.

## Unsere Lebenswünsche

Wie ernst nehmen wir unsere elementarsten Lebenswünsche? Wir sind unsere eigenen Erlaubnisgeber. Viele laufen auf eingefassten Wegen, die nur einen Bruchteil unserer Potenziale berühren, die Angst vor dem Unbekannten sitzt tief. Was verbirgt sich im angrenzenden Wald, in den Feldern am Wegesrand, in den Häusern am Horizont und in den Müll- und Schattenbergen dahinter? Wie lange wollen wir die »Landnahme im eigenen Land«, wie Verena Kast es so anschaulich formuliert, hinausschieben?

Arnold Mindell spricht von einem mythischen Kampf, den es in diesem Wegabschnitt zu bestehen gilt. Wir müssen zur Kriegerin und zum Krieger werden, um den Kampf mit unseren inneren Dämonen und Geistern aufzunehmen. Unsere schlimmsten Probleme, unsere Süchte, unsere Körpersymptome und Beziehungsprobleme drohen uns manchmal zu überwältigen. Wenn es uns gelingt, diese Schattengeister zu betören, zu verführen und uns mit ihnen zu verwandeln, dann gewinnen wir mächtige Verbündete und Kraftgeber auf unserem weiteren Lebensweg. Männer entdecken, dass sich hinter ihrer Aggressivität und Mordlust eine große Kraft und Sanftheit verbirgt, Frauen entdecken hinter ihrer Neigung, zu nörgeln und ihre Männer oder Partnerinnen zu verändern, eine überschießende Lust und Leidenschaft, die ihnen und der ganzen Welt gehört. Auch in den Romanen und Texten von Paulo Coelho tauchen die Bilder des Kriegers, hier »Krieger des Lichts«, und des Dämons als wichtige Figuren und Symbole auf unserem Weg auf.

In Anlehnung an Mindell wird es darum gehen, uns mit dem weisesten Teil in uns selbst zu verbünden und den Pfad des eigenen Herzens zu gehen. In Menschen, die wir verachten, entdecken wir die eigenen abgespaltenen Anteile, in Arbeitgebern, die unsere Arbeitsleistung nicht würdigen, die eigene Strenge und Moral. Männer und Frauen, die ihre Partner immer wieder verlassen, entdecken, was sie wirklich suchen: sich selbst. Menschen, die aus der Ehe ausbrechen und verbotene Liebschaften leben, entdecken, was sich in ihrem Leben vielleicht sogar mit der alten Partnerin, dem alten Partner entfalten möchte. Andere, die lange alleine sind und immer wieder alleine gelassen werden, entdecken ihre Geschichte und das Drama des verlassenen Kindes.

Wenn wir Dinge empfinden, tun oder sagen, mit denen wir selbst nicht einverstanden sind, machen wir uns nicht länger runter, sondern schauen freundlich auf uns. Wir sehen hinter alldem unser inneres, wütendes, nerviges, aggressives und liebesdürftiges Kind, das sich nicht länger einschüchtern lassen und aus dem Keller ins Licht steigen will.

Und wenn wir dabei Hilfe und Begleitung brauchen, dann holen wir sie uns.

Miriam wollte herausfinden, warum sie schon so lange alleine war und warum die früheren Partner sie nicht glücklich gemacht hatten. In einer Partnerschaft war sie immer diejenige gewesen, die sich trennte und wegging. Außerdem hatte sie die Erfahrung gemacht, dass sie mit ihren Kindern nicht glücklich sein konnte, wenn es ihr mit einem Mann gut ging. Das passte für sie nicht zusammen. Sie glaubte, den Kindern keinen neuen Mann, aber auch den Partnern ihre Kinder nicht zumuten zu können. Im Verlaufe eines solchen Konflikts hatte sie den letzten Freund weggeschickt und für die Familie ein Pferd angeschafft. Für einen menschlichen Gefährten war im Grunde genommen auch kein Platz mehr da.

Ich ließ sie den Seelengefährten, sich selbst und die beiden Töchter aufstellen. Der Seelengefährte stand außerhalb des Stuhlkreises. Miriams Stellvertreterin äußerte zwar, dass ihr etwas fehle, aber sie zeigte wenig Interesse an dem Mann. Der Seelengefährte fühlte sich wie betäubt und wollte sich hinsetzen. Ich bat sie, nun ihre Expartner, den Ehemann und eine frühere große Liebe ins Bild zu stellen. Wichtige Aspekte in der Herkunftsfamilie hatte sie bereits in früheren Seminaren aufgestellt. Bedeutsam in dieser Aufstellung war, dass der Stellvertreter für die große Liebe weinte. Das war erstaunlich für Miriam, weil sich dieser Mann nicht für sie entschieden hatte. Auch Miriam weinte, in dieser Begegnung zeigte sich eine große Liebesfähigkeit, die sich aus welchen Gründen auch immer damals nicht hatte entfalten können.

In der folgenden Gegenüberstellung mit dem zukünftigen Lebensgefährten wurde allerdings deutlich, dass sie noch sehr viel Zeit brauchen wird. Der Seelengefährte fühlte sich noch sehr verunsichert und nicht dazugehörig. Wir unterbrachen die Aufstellung, das Ende hinterließ trotz der schönen Begegnungen mit früheren Partnern ein eher bedrückendes Gefühl. Aber genau das war wichtig, damit Miriam in ihrem Prozess weitergehen konnte.

Am nächsten Morgen erklärte sie, das es ihr noch nicht wirklich um den Seelengefährten gehe, sie wolle sich ihre Gefühle der Verlassenheit anschauen und verstehen, warum sie nicht gut mit sich selbst umgehe. Ein neues Thema entfaltete sich; das innere vernachlässigte Kind in ihr wollte angeschaut und ernst genommen werden.

Der Psychoanalytiker C. G. Jung, der den Begriff des inneren oder auch göttlichen Kindes in der ersten Hälfte des vergangenen Jahrhunderts prägte, schreibt im Band 17 seiner *Gesammelten Werke:* »Im Erwachsenen steckt nämlich ein Kind, ein ewiges Kind, ein immer noch Werdendes, nie Fertiges, das beständiger Pflege, Aufmerksamkeit und Erziehung bedürfte. Das ist der Teil der Persönlichkeit, der sich zur Ganzheit entwickeln möchte.«

Die innere Stimme des Kindes in uns spielt eine große Rolle bei unserer Selbstwerdung. Viele therapeutische Schulen haben erkannt, wie wichtig es ist, Kontakt mit dem verletzten, vernachlässigten und sich vielleicht böse zeigenden Kind aufzunehmen, eine liebevolle Beziehung zu ihm zu entwickeln und so neue Kraft zu schöpfen. In vielen Büchern, ja sogar in Liedtexten wird das innere Kind und sein Potenzial für unsere psychische Entwicklung und damit die Wiederentdeckung unserer ursprünglichen kreativen Persönlichkeit besungen. Die Gestalttherapeutin Marion Loh beispielsweise entwickelte eine Meditation, eine symbolische Reise unseres erwachsenen Selbst in unsere innersten Herzensräume, wo wir das Kind symbolisch befreien und mitnehmen ins eigene Leben. Eine Reise, die wir, wann immer wir leiden und Zuspruch brauchen, selbst antreten können. Das, was wir an Mitgefühl und Liebe von unseren Partnern gerne einfordern, können wir uns selbst geben.

Unser inneres Kind ist der Teil in uns, der leidet, wenn wir zu sehr oder zu lange auf die anderen schauen und unsere innersten Bedürfnisse und Wünsche vernachlässigen. Intuitiv spüren wir sehr schnell, wer dieses innere Kind in uns ist und was es braucht. So war es auch in der Aufstellung von Miriam. Ich lud sie ein, ihr inneres Kind und sich selbst dazu in eine für sie stimmige Position zu stellen. Danach sollten sich beide unaufgefordert ihren inneren Bewegungen überlassen. Die Stellvertreterin für das Kind, die von einer sehr jungen Frau aus der Gruppe gespielt wurde, stand mit dem Rücken zu Miriam, von dieser hilflos in eine Ecke des Raumes gequetscht. Das innere Kind wirkte erschöpft und hoffnungslos. Miriam stand erschüttert und Hilfe suchend in einigem Abstand vor ihm, nach einer langen Weile bewegte sie endlich ihre Hände nach oben und forderte mit dieser Geste das Kind auf, zu ihr zu kommen. Das Kind erhob sich, noch ohne die Geste gesehen zu haben, aus der gekrümmten und verzweifelten Position und bewegte sich ganz langsam auf Miriam zu. Es entfaltete sich ein bewegender Prozess, der von allen Teilnehmern voller Spannung verfolgt wurde. In jenem langen Moment fühlten sich alle verbunden mit diesem inneren Kind, das für die eigenen nicht gesehenen kindlichen Anteile und Bedürfnisse stehen könnte. Die Aufstellung endete mit einer tiefen Umarmung des inneren Kindes, die von Miriam als viel wesentlicher und bedeutsamer erfahren wurde als »die ewige und unfruchtbare Suche« nach dem nächsten Mann.

Unser inneres Kind leidet, wenn wir unsere innersten Bedürfnisse und Wünsche vernachlässigen.

Das bedrückende Ende der Aufstellung am Vortage hatte ihr den Mut gegeben, die Kellertür für das innere Kind zu öffnen.

Wenige Wochen danach rief ich sie an, um sie zu fragen, ob ich ihre Aufstellung in diesem Buch erwähnen dürfe. Sie war einverstanden und begann von den Wirkungen unserer gemeinsamen Arbeit zu erzählen. Im Ergebnis sei der Prozess für sie sehr wichtig gewesen. Sie höre viel mehr auf sich und ihre Intuition. Früher habe sie geglaubt, sie brauche unbedingt einen Mann, um gesellschaftliche Anforderungen und Ansprüche zu erfüllen. Sie sei davon ausgegangen, ohne Partner nicht wirklich vollwertig oder angesehen zu sein. Das sei ihr jetzt nicht mehr so wichtig. Sie achte viel mehr auf eigene Bedürfnisse und Interessen und denke sich schöne Dinge aus, »nur für mich«. Außerdem fühle sie sich körperlich viel leistungsfähiger und im Einklang mit sich selbst. Einen Beziehungsversuch habe sie in der Zwischenzeit auch gestartet. Leider erfolglos. Miriam erlebte die ungeglückte Liebschaft aber nicht als Drama, so, wie sie es von früheren Bemühungen her kannte. Sie war selbst erstaunt über das Ausmaß der Veränderungen und glücklich über die neue Entwicklung.

## Alleine leben

Miriam teilt ihr Schicksal mit vielen anderen Alleinstehenden, Alleinerziehenden und Singles, die ganz schnell wieder einen Partner suchen. Die Singlegeneration ist zwar schon gesellschaftliche Realität, Singles werden von neuen Märkten und Produkten umworben, aber sie genießen nicht wirklich ein hohes Ansehen in unserer Gesellschaft. In der Regel schauen wir auf sie und wenn es uns in einem bestimmten Abschnitt unseres Lebens trifft, auch auf uns selbst wie auf Menschen, denen etwas Elementares fehlt, außen wie innen. Tief innerlich glauben wir, dass wir nur mit einem Partner und durch ihn glücklich sein können und dass Singles in der Liebe Versager sind. Wenn wir plötzlich alleine dastehen, spüren wir hautnah, wie schlecht wir über Alleinstehende denken und wie sehr wir uns selbst und das Singledasein verachten.

Das tun wir nicht böswillig, sondern weil wir es so gelernt haben. Unsere Sehnsucht nach Zugehörigkeit ist groß. Wo sind wir zu Hause, wo ist unsere Heimat? Wenn wir in einer Partnerschaft leben, können wir diese Fragen leichter beantworten. Zu Hause sind wir, wo wir mit unserer Familie und unseren Partnern leben. So haben wir es gelernt. Familie und Ehe sind der Hafen, von dem aus wir losziehen können; daheim sind wir, wenn Menschen mit uns zusammen frühstücken und zu Abend essen, wenn ein Mensch mit uns das Bett und die Sorgen teilt. Fällt eine Beziehung auseinander, wird vor allem der Verlust des Zuhauses, des Heims als schmerzhaft erlebt. Dafür gibt es erst einmal keinen Ersatz und die Angst ist immer groß, dass sich das auch nicht ändern wird.

Trotz dieser Angst und der damit verbundenen Trauer um das verlorene Beziehungsparadies kann es gut sein, so lange alleine zu bleiben, bis wir diesen Zustand des Alleinestehens als einen wertvollen und bereichernden Lebensabschnitt erkennen können. Ein Abschnitt, der uns mit mehr Achtung, Wertschätzung und Liebe unserem Selbst gegenüber wieder entlässt. Entscheiden wir uns aus Angst zu schnell für einen neuen Partner, ist die Wahrscheinlichkeit hoch, dass es wieder nicht der oder die Richtige ist.

Viele von uns haben es nicht gelernt, bei sich selbst daheim zu sein, sich gut zu versorgen wie eine Seelengefährtin, die Zuspruch und Verständnis braucht. Eine Trennung, die wir nicht abwenden können, der Verlust, vielleicht auch der Tod eines Partners fordern uns geradezu heraus, dieses Zuhause in uns selbst zu finden. Das heißt, unserem inneren Kind einen Platz zu geben, uns auszusöhnen mit unseren Schwächen und uns Gedanken darüber zu machen, was wir der Welt zu geben haben.

Bücher über Kreativität boomen. Sie treffen den Nerv einer Zeit, in der Menschen sich aus der Entfremdung lösen und sich wieder mehr der inneren Stimme und ihren ureigensten Fähigkeiten nähern möchten. Dafür kann die Zeit des Alleinseins gut genutzt werden. Es macht uns innerlich stark und unabhängig, wenn wir unsere kreativen Möglichkeiten entfalten und unsere Potenziale erkennen. Dann brauchen wir nicht länger unsere Bewunderung auf andere Menschen zu projizieren, sondern können sie uns selbst schenken. Wir können in den Spiegel schauen, uns langsam selbst erkennen und dabei feststellen, wie sehr wir uns mögen und im Herzen gern haben.

In Trennungsphasen kann es sehr hilfreich sein, sich gute therapeutische Begleiter zu suchen, die diesen Weg zu mehr Selbsterkenntnis und Zufriedenheit unterstützen. Das ist nicht ehrenrührig, sondern einfach nur hilfreich. Wir sind heute im Verlaufe eines Lebens unzähligen Erfahrungen, Meinungen, Lebensmöglichkeiten ausgesetzt, dass wir einen guten Coach oder eine Therapeutin gebrauchen können, um das für uns Wesentliche herauszufiltern.

Therapeutische Begleiter können auf dem Weg zu mehr Selbstliebe und Zufriedenheit hilfreich und unterstützend sein.

Die dreißigjährige Gisela kam zu mir in die Beratung, »um alten Ballast abzuwerfen«. Damit meinte sie vor allem die enge Bindung zu den Eltern und ihr Übergewicht. Gisela war vor wenigen Monaten aus dem Süden Deutschlands in den Norden gezogen, weit weg von ihren Eltern. Zuvor aber hatte sie organisiert, dass sich diese wenige Kilometer von ihrem jetzigen Wohnort entfernt ein Grundstück gekauft hatten. Die Fortsetzung der sehr engen Beziehung zu den Eltern war damit garantiert. Diese Ambivalenz – weit weg und ganz nah – zeigte sich auch im weiteren Gespräch. Zwischen »Es ist alles gut und ich bin jetzt glücklich« bis hin zu »Es ist nichts gelöst und alles sehr traurig« schwankte Gisela bei der Schilderung ihrer Situation hin und her. Mich erfasste eine für eine Therapeutin peinliche Sehnsucht: Ich hatte Lust, mich auf den Boden zu legen und wollte meine Ruhe haben. Es fiel mir sehr schwer, diese lästigen Impulse und meine Müdigkeit zu unterdrücken, also verbalisierte ich schließlich meinen Zustand. Ich fragte sie, ob sie eine solche Müdigkeit kenne. Sie bestätigte das: Ja, sie kenne das gut, sie sehne sich danach, einfach ihr Leben zu leben, ohne sich so viele Gedanken machen zu müssen. Im weiteren Verlauf des Gesprächs gab Gisela ihr anstrengendes Bemühen auf, mir zu zeigen, dass trotz der Sorgen alles in Ordnung sei.

Bevor wir ihre Familie aufstellten, erzählte sie von einem Mann, den sie über alles geliebt habe. Sie hatte sich von ihm getrennt, weil er nicht treu sein konnte. Sie habe sieben Jahre um diese Beziehung getrauert und wünsche sich jetzt wieder einen Partner.

Ich bat sie, ihre Familie und den zukünftigen Seelengefährten mit Namenskarten auf dem Boden zu platzieren. Die Karten der Eltern legte sie nebeneinander. Die Karte mit ihrem eigenen Namen legte sie zwischen oder besser über die der Eltern. In ihrem inneren Bild ging sie völlig in dem Platz ihrer Eltern auf. Es schien keinen Raum für sie alleine zu geben. Die Karte für den Lebensgefährten legte sie unter den Teppich.

»Den sieht man nicht, der hat hier keinen Platz«, bemerkte sie kurz dazu.

Was war geschehen, dass sie mit ihren Eltern geradezu verwachsen war und andere in diesem Familienfeld keinen Platz hatten? Ich fragte nach frühen Trennungen, z.B. Krankenhausaufenthalten. Junge Menschen, die sehr schwer sind und zu viel essen, tragen häufig eine Sehnsucht in sich, die mit einer frühen Trennung von den Eltern in einem engen Zusammenhang stehen kann. Gisela bestätigte die Hypothese. Sie hatte kurz nach ihrer Geburt acht Wochen ohne Körperkontakt zu den Eltern im Krankenhaus auf der Säuglingsstation gelegen. Später war sie noch einmal sechs Wochen im Krankenhaus gewesen. Ich ließ Gisela durch die einzelnen Positionen wandern und spüren, wie es ihr in den verschiedenen Rollen ging. Parallel dazu entwickelten wir gemeinsam eine Geschichte der kleinen Gisela, die so eng bei ihren Eltern stand. Die Mutter fühlte sich relativ wohl, sie war froh, dass ihre Tochter ihr so nah war. Der Vater wollte einen Schritt zur Seite gehen. Es war ihm viel zu eng. Ich schrieb eine zusätzliche Karte für das kleine oder innere Kind Gisela. Diese Karte legte ich auf die Karte der Eltern. Die Karte mit dem Namen Gisela stand jetzt für das erwachsene Selbst und schaute aus einer angenehmen Entfernung auf die enge Dreierkonstellation. Ich ließ sie diesen Platz einnehmen. Wie erging es ihr, wenn sie als Erwachsene auf das kleine Kind schaute, das so nah bei den Eltern stand und von den Eltern gehalten wurde? Hatten die Eltern ein schlechtes Gewissen oder war ihr Verhalten geprägt von der Angst, das Kind noch einmal zu verlieren, und hielten sie deswegen so fest?

»Ich werde ganz wütend auf dieses Kind«, sagte Gisela. »Sie hält die Eltern fest, sie hat die Eltern im Griff. Sie ist es, die nicht loslassen will.«

Ich bat sie, sich in die Position des kleinen Kindes zu begeben und sich einzufühlen. Jetzt spürte sie die Ambivalenz wieder, die schon unseren Gesprächsanfang geprägt hatte. Das kleine Kind wollte festhalten, die Eltern zusammenhalten, aber eigentlich wollte sie auch nicht so viel Einschränkung und Nähe und frei sein. Wir legten als Symbol für das kleine Kind eine zusammengerollte Decke zwischen die Eltern. Aus der Erwachsenenposition nahm Gisela das innere Kind zu sich und sagte zu den Eltern: »Darum kümmere ich mich nun. Ich sorge jetzt gut für die Kleine.« Sie war sehr berührt und begann zu weinen. Sie schaute liebevoll zu ihren Eltern und zu ihrem inneren Kind, das sie symbolisch im Arm hielt.

Sie stellte sich noch einmal in die Positionen der Eltern, um zu schauen, ob diese würden ertragen können, dass sie ihnen die Kleine nun wegnahm. Es ging wunderbar. Wir sponnen die Geschichte weiter, die von einer sich befreienden jungen Frau handelte und von Eltern, die jetzt aus der Elternrolle entlassen werden und ihr eigenes Leben neu gestalten konnten. Nicht zu vergessen das kleine Kind, das wüten, weinen und festhalten durfte und von der erwachsenen Gisela gehalten und getragen wurde.

Wenn Eltern von ihren erwachsenen Kindern aus der Elternrolle entlassen werden, tun sich auch für sie neue Wege auf.

Als sie wieder an ihrem Platz stand, erinnerte sie sich plötzlich an den zukünftigen Lebensgefährten, der noch unter dem Teppich auf sie wartete. Sie lief zielbewusst darauf zu, zog die Karte unter dem Teppich hervor und legte sie neben die eigene Karte. »Der darf jetzt neben mir stehen«, sagte sie selbstbewusst. Ich gab ihr zu bedenken, dass die Integration der im Ritual gemachten Erfahrung im Alltag Zeit brauchen wird. Gisela nickte, ihr war in dieser einen Sitzung vieles bewusst geworden. In der Folge werden sich neue Wege für die notwendigen Veränderungen in ihrem weiteren Leben öffnen. Ich wünschte ihr ganz viel Glück.

## Paare auf der Suche nach Liebe und Glück

Auch Paare sind auf der Suche. Auch in Partnerschaften drängen Wünsche und Bedürfnisse an die Oberfläche, die sich nicht immer leicht befriedigen lassen. Oftmals stellen sie die Beziehung und das gemeinsam gelebte Leben schmerzlich in Frage.

Das war auch bei Helena und Erich der Fall. Sie sind seit mehr als vierzig Jahren ein Paar und haben sieben Enkelkinder. Helena ist seit Jahren Schmerzpatientin und war wegen einer depressiven Erkrankung bereits in Behandlung. Sie kam zu mir in die Praxis und versprach sich von der Aufstellungsarbeit eine Erleichterung. Nach zwei Einzelsitzungen, in denen wir auch die Familiensituation berücksichtigten, drängte das eigentliche Thema an die Oberfläche. Helena wollte sich von ihrem Mann trennen, sie hatte bereits mehrere räumliche Trennungsversuche hinter sich, die sie aber nur für kurze Zeit ausgehalten hatte. Das Thema und der Wunsch aber waren geblieben. Die Verlockung war groß, mit Helena zu überlegen, wie sie sich Freiräume innerhalb der Beziehung schaffen konnte, schließlich liebte sie ihren Mann immer noch: getrennte Zimmer, Veranstaltungen, die sie alleine besuchten, sie hatten schon vieles ausprobiert, aber es hatte nie ausgereicht. Auch eine mehrmonatige räumliche Trennung hatte das Paar schon hinter sich. Es stellte sich die Frage, was Helena eigentlich wollte?

Als die Klientin zur dritten Sitzung ihren Mann mitbrachte, um über die Beziehung zu sprechen, blieb das eigentliche Thema zunächst wieder ausgespart. Helena zeigte sich depressiv und äußerte ihre Unzufriedenheit. Sie wünschte sich dieses und jenes von ihrem Mann. Ich hatte den Eindruck, dass er, selbst wenn er alles erfüllen würde, nicht wirklich eine Chance hätte. Das eigentliche Thema lag in der Luft, es gab aber ein Verbot, es auszusprechen. Ich wagte eine Hypothese und teilte sie dem Paar in Form einer assoziativen Gedankenkette mit: »Helena hat fast vierzig Ehejahre für ihren Mann und die Kinder gesorgt. Eigene Bedürfnisse hat sie immer hinten angestellt. Sie ist überall, wo ihr Mann arbeiten musste, mitgezogen und hat das Beste daraus gemacht. Jetzt ist sie Ende fünfzig und spürt, dass sie noch etwas zutiefst Eigenes, sich selbst und ihre Möglichkeiten entdecken möchte. Sie ist aber so treu und hat ihre Pflichten als Ehefrau so sehr verinnerlicht, dass sie sich die Erlaubnis für eine größere Freiheit nur geben kann, wenn die Unzufriedenheit mit ihrem Mann so groß ist, dass die Ehe richtig kaputtgeht, oder ihr Mann freiwillig für eine Zeit weggeht. Letzteres ist bereits mehrere Male halbherzig und erfolglos versucht worden. Eine andere, dritte Möglichkeit ist, sich innerlich zu entfernen und in die Depression abzuwandern. Auch dieser Lösungsversuch ist für alle Beteiligten auf Dauer unbefriedigend, weil die Lebensfreude auf der Strecke bleibt.«

Helena fing an zu weinen und bestätigte meine Aussage, gleichzeitig war sie erstaunt, wie man einen Trennungswunsch auf so freundliche und bekömmliche Weise formulieren konnte. Ihr Mann war nachdenklich geworden und fragte sich, wie das denn in der praktischen Umsetzung aussehen könne. Ich fragte ihn nach eigenen Wünschen, die er für sein Leben noch habe, war ich doch überzeugt, dass Helena zwar den Wunsch nach dem Eigenen ausdrückte, dieser Wunsch jedoch genauso gut ein Teil von Erich sein könnte. Erich richtete sich auf und fing an zu lachen. Nun begann er, von seinen Visionen und Wünschen zu erzählen: Mal für ein halbes Jahr mit dem Wohnmobil durch Spanien reisen, das wäre toll. Und sein ganz großer Traum sei es, die Route 66 in den USA zu befahren, eine Reise, die seine Frau nie mitmachen würde. Erich war Frührentner und konnte, wenn er wollte, schon sehr bald losfahren.

Ich gab dem Paar eine Hausaufgabe mit: »Bereiten Sie in den nächsten vier Wochen ihre Trennung auf Zeit vor. Helena beispielsweise sucht nach einer kleineren Wohnung, die große Eigentumswohnung könnte vermietet werden. Auch Sie, Erich, bereiten Ihre Reise vor und überlegen sich, wo genau Sie hinfahren möchten und was sie dafür organisieren müssen. Erlauben Sie sich beide die Tränen, aber auch die Freude über die zukünftigen Möglichkeiten. Es ist wichtig, dass Sie sich alle Gefühle erlauben, ohne sich für den anderen allzu sehr verantwortlich zu fühlen. Es kann sein, dass sie nach vier Wochen entscheiden, doch zusammenzubleiben, das ist dann auch völlig in Ordnung so. Es kann auch sein, Sie finden so viel Gefallen an Ihren Plänen und ziehen die Trennung durch. Dann kommen Sie nach einem halben Jahr wieder zusammen und treffen eine neue Vereinbarung.«

Das Paar war einverstanden. Wenn ich in Prozessen denke, wie Arnold Mindell sie beschreibt, ist es wichtig, Bedingungen zu schaffen, damit Helena diesen Prozess, der sich schon in ihren Körpersymptomen zeigte, auch in der Realität vollziehen kann. Sie wird ihrem Herzenswunsch folgen müssen und sich alleine auf die Suche machen oder sie wird dauerhaft krank werden. Sie brauchte jetzt den äußeren Abstand von ihrem Mann oder zumindest die innere Erlaubnis dazu, um nicht zwischen den eigenen Wünschen und den verinnerlichten Erfordernissen der ehelichen Beziehung zerrissen zu werden.

Leben wir an unseren Herzenswünschen vorbei, zwingen uns ungewöhnliche Ereignisse, Krisen oder Krankheiten aufzuwachen.

Helena und Erich sind keine Einzelfälle. Viele Paare trennen sich, weil sie nicht an Veränderung und Entwicklung in der Beziehung glauben. Für Helena und Erich barg dieser Prozess eine große Chance: Wenn sie jetzt loslassen, können sie auf einer neuen Beziehungsebene wieder zusammenkommen. Sie werden dann selbstständigere und interessantere Menschen sein, die sich ihre Lebensfreude bis ins hohe Alter erhalten. Aber es wird auch verdammt schwer sein loszulassen, weil sie beide heute noch nicht wissen werden, wie, wann und ob sie wieder zusammenkommen. Sie sind in einem Alter, in dem sie nicht mehr leichtfertig und schnell nach neuen Partnern suchen, auch wenn eine neue Liebe natürlich nie ausgeschlossen ist.

Wie ich angenommen hatte, war und ist es insbesondere für Helena schwer, sich ihren Weg zu bahnen. Sie war lange von der hundertprozentigen Zustimmung ihres Mannes abhängig. Es wird ihr Prozess sein zu lernen, dass andere Menschen Bedenken haben dürfen und sie dennoch bei sich bleiben darf. Für sie wird das ein schwieriger, aber auch sehr spannender Lernprozess sein.

Veränderung und Entwicklung innerhalb einer Beziehung fallen vor allem den Treuen schwer. Zutiefst im Herzen glauben sie, dass sie nicht sie selbst sein dürfen, nicht auf Kosten des anderen. Hier wird deutlich, wie hilfreich Projektionen sein können: Der andere lässt mich nicht frei sein, der andere schränkt mich ein, dann merken wir nicht, dass der größte Einschränker in uns selbst gemütlich weiterlebt. Natürlich stimmen solche Projektionen oft auch, aber immer nur halb. Sobald wir unsere innere Haltung verändern und uns für unsere eigenen Lebensmöglichkeiten öffnen, lassen wir uns durch die einschränkenden Meinungen der anderen nicht mehr so beeinflussen. Wir können liebevoll mit den Bedenken und dem Schmerz des Partners umgehen, müssen die Gefühle des anderen aber nicht länger zur Richtschnur unseres eigenen Lebens machen. Wir muten uns selbst und den anderen Entwicklung und die damit verbundenen Ablösungsschmerzen zu.

Die im Verlaufe der Lebenszeit erworbenen Angewohnheiten und Grenzen gegenüber Veränderung sitzen wie voll aufgeladene Computerchips oder Gene in unseren Zellen bzw. sind als Körpererfahrung gespeichert.

Manchmal müssen im Außen ungewöhnliche Dinge passieren, damit wir aufwachen und elementare Schritte nach vorne machen. Das kann beispielsweise eine lebensgefährliche Krankheit sein, die uns aus der gewohnten Zeit und den gewohnten Abläufen herausbefördert. Wir haben dann die Chance, etwas völlig Neues zu entwickeln. In einem meiner früheren Bücher habe ich die Geschichte von Beppo erzählt, der durch einen lebensbedrohlichen Magentumor gezwungen wurde, sein altes Leben, das er völlig an seinen existenziellen Bedürfnissen und Herzenswünschen vorbeilebte, aufzugeben. Beppo trennte sich von seiner ersten Frau, die nie richtig zu ihm gepasst hatte, und lernte noch während seines Gesundungsprozesses seine neue Lebensgefährtin kennen. In seinem Fall waren der Tumor und die Trennung eine Voraussetzung für Veränderung. Wenn Paare aber sehr gut zueinander passen, kann eine Trennung auf Zeit oder eine größere Offenheit für Veränderung völlig ausreichen, damit beide sich entwickeln und sich selbst und gegenseitig mit allen Facetten ihres Seins besser annehmen können.

Oft zeigt sich ein innerer Prozess bereits in Körpersymptomen, die uns einen neuen Weg weisen wollen.

Schaffen die beiden Partner diese Entwicklung gemeinsam, erkennen sie in ihrem Gegenüber eines Tages ihren Seelengefährten.

# *Im tiefsten Herzen bin Ich*

- Stellen Sie sich vor, Sie hätten beschlossen, sich selbst der beste Freund und die beste Freundin zu sein. Wohlwollend schauen Sie auf sich selbst wie auf eine Person, die Sie ab heute bedingungslos gern haben. Mal sehen Sie in sich selbst das kleine Kind, das einen Fehler gemacht hat und geherzt und gedrückt werden möchte. Ein anderes Mal sehen Sie die Erwachsene, die etwas Neues ausprobieren möchte und dafür Zuspruch und Mut braucht. Genau genommen tun Sie das, was Sie von einer guten Mutter und einem guten Vater erwarten. Wenn Sie abgrundtief traurig sind, dann erlauben Sie sich zu weinen, bis es vorbei sein darf. Wenn Sie sehenden Auges schon dreimal in den gleichen Schlamassel hineingelaufen sind, dann lassen Sie sich weinen und lachen, bevor Sie über neue Wege nachdenken und diese begehen. Trösten Sie sich, wenn Sie alleine sind, trocknen Sie freundlich Ihre Tränen, wenn Sie eine Abfuhr erhalten haben.

- Nehmen Sie das Leben wie ein Abenteuer: Was wird heute passieren? Was werde ich tun, wie werde ich mich fühlen, was habe ich schon wieder lernen dürfen? Jeder Mensch, der mir begegnet, hat vielleicht eine Botschaft, die mich bereichert ...

# Der Seelengefährte und die Seelenpartnerin

## Sie leben schon und warten auf dich

Was ist echte Liebe? Wie viele Bücher müssen wir lesen, wie viele Filme sehen, um es endlich zu wissen? Wie lernen wir Märchen von Realitäten zu unterscheiden? Die romantische Liebe ist eine Erfindung des vorletzten Jahrhunderts, wirklich? Im Nachhinein ist es einfach zu sagen, dass es nicht der Richtige oder die Richtige war. Weil wir ja schon wissen, dass die Prüfung nicht bestanden wurde, das Glück nicht kam, die Wünsche sich nicht erfüllt haben.

Verliebtheit wird in der psychotherapeutischen Literatur als nicht ausreichend beschrieben. Von Verliebtheitsfalle, vom Verliebtheitswahn ist gerne die Rede, Liebe aber soll etwas anderes sein. Etwas, was viele offensichtlich nicht richtig hinkriegen. Haben wir wirklich immer eine zweite Chance oder müssen wir das, was wir bekommen, oder besser das, was wir uns nehmen, schicksalhaft hinnehmen?

Ich liebe dich, weil ich dich brauche, oder ich brauche dich, weil ich dich liebe. Die zweite Fassung ist zweifelsohne die bessere. Aber wie viele schaffen es schon, mit ihrer großen »echten« Liebe durchs Leben zu gehen? Andere sagen später: Diese Frau habe ich wirklich geliebt, und sind doch gegangen. Verstrickungen in den Systemen, die uns Liebe nicht leben ließen? Es gibt so viele Möglichkeiten zu leben und zu lieben.

Angelika, die mehrere Wochen nach der Herzenswunschaufstellung ihren Seelengefährten fand, erzählt, wie sich die neue Liebe anfühlt:

»Früher war ich immer euphorisch, wenn ich mich in einen Mann verliebte. Bei meinem jetzigen Partner bin ich nicht explodiert, es war eher verhalten. Ich war sehr neugierig, es war eine große Freude in mir, aber es gab keine Erwartungen und keine Projektionen. Es ging nur um den Menschen und mit ihm war schnell ein großes Vertrauen da, dass alles gut ist. Das wichtigste war mir, ihn nicht zu verletzen. Jetzt sind wir schon mehr als drei Jahre zusammen und ich bin immer wieder verliebt, manchmal sogar berauscht von bestimmten Verhaltensweisen, die ich bei ihm wahrnehme. Es wird mir ganz warm, wenn ich an seine Eigenschaften denke, an den kleinen Jungen in ihm. Ich kann ihm immer wieder verzeihen. Ich kann ihm sagen, wenn mir etwas nicht passt, und dann ist es erledigt. Deswegen muss er sich als Mensch nicht ändern. Es gibt Punkte, an denen ich mich reibe, aber das ist gut so, weil es auch für mich ein Reifeprozess ist. Es ist einfach schön, dass das möglich ist, dass wir uns streiten können und uns nicht verlieren. Unsere Streits können nichts kaputtmachen, eine Angst, die ich früher in Auseinandersetzungen mit Partnern oft hatte.

Und ich mag seine Kinder, auch seine Mutter, die ganz in der Nähe wohnt, es ist alles gut und schön so, wie es ist. Ich möchte dazu beitragen, dass wir glücklich miteinander sind. Ich möchte ihn nicht verlieren, weil ich ignorant und gleichgültig bin oder weil ich keine Beziehungspflege betrieben habe. Ich spüre eine große Verantwortung in mir. Das klingt nüchtern und vom Kopf gesteuert, aber es ist mein Herz, das hier spricht. Ich möchte darauf achten, dass es uns beiden gut geht.

Zur Liebe gehören die Freude und das Bedürfnis, etwas für die Liebe zu tun, dazu.

Wenn ich es zusammenfassen sollte, würde ich sagen, es ist Lebensqualität pur und Geborgenheit. Und es wird immer schöner und intensiver. Das führt zu einer Gelassenheit dem Leben gegenüber, die ich nicht mehr missen möchte. Manchmal denke ich, das liegt gar nicht an mir, weil ich das vorher nicht kannte. Dann denke ich, das ist nur der andere. Aber ich weiß auch von ihm, dass er vorher nicht so glücklich war. Wenn ich an uns denke, habe ich das Bild, dass sich zwei Hälften gefunden haben und zur Säule geworden sind.«

Angelikas Äußerungen über ihre Liebe decken sich mit anderen Beschreibungen. Von Achtung und unbedingter Wertschätzung ist die Rede, eine ganz wichtige Rolle spielen die Freude und das Bedürfnis, etwas für die Liebe zu tun.

Gute Ratgeber und Gedanken über die Liebe gibt es viele. Erich Fromm zum Beispiel hat mit seinen Texten über die Liebe, über Haben und Sein schon unsere Eltern und Großeltern verzückt. Er beschreibt die Liebe in der Weise des Seins als »ein produktives Tätigsein, es impliziert, für jemanden (oder etwas) zu sorgen, ihn zu kennen, auf ihn einzugehen, ihn zu bestätigen, sich an ihm zu erfreuen – sei es ein Mensch, ein Baum, ein Bild, eine Idee«. Im Gegensatz dazu ist für ihn die Liebe in der Weise des Habens eine Liebe, die kontrolliert, erdrückt, lähmt und tötet statt belebt.

Der Erfolg seiner Texte gibt ihm sicher Recht. Wir spüren

zutiefst den Unterschied der beiden Weisen zu lieben und sehnen uns nach einer Liebe in der Weise des Seins. Letztendlich ist dies immer eine Liebe, in der wir uns selbst verschenken, immer wieder neu, und in der wir uns selbst und den anderen entdecken. Wir spüren zutiefst, wenn uns in der Liebe etwas fehlt, wenn wir die Verliebtheit nicht in Liebe wandeln können, wenn wir zu sehr auf das schauen, was wir bekommen, statt auf das, was wir geben können. Dann sind wir noch nicht frei. Die eigene Unfreiheit spiegelt sich im Herzen unserer Partner. Wenn wir ehrlich sind, können wir uns gemeinsam die Ketten anschauen, die innere Qual, die Projektionen, die Schatten und sie verwandeln. So können Seelenpartner zu gemeinsamen Entwicklungspartnern werden.

Wenn wir uns verlieben, neigen wir dazu, nicht mehr genau hinzuschauen. Wenn die Partner nicht zu uns passen, dann ist die Wahrscheinlichkeit hoch, dass die alten Familien- oder Missbrauchsmuster sich entfalten. Aber was heißt passen? Es könnte auch sein, dass genau der oder die Falsche sich als richtig entpuppt. Vielleicht bringt dieser Mensch den Stein ins Rollen, der nötig war, damit ich mich verändern konnte. Und wenn ich mich verändert habe und auch der andere seine Hausaufgaben gemacht hat, kann ich vielleicht bleiben oder muss beim nächsten Mal nicht mehr gehen.

Die Frucht unserer Taten, unserer miserablen Versuche und unserer Schmerzen ist vielleicht immer auch die Fülle an Wachstum, die wir nach einer Phase des Leids dafür geschenkt bekommen.

## Mit inneren Bildern Wirklichkeiten schaffen

Ich spreche in meinen Seminaren gerne vom Seelengefährten oder der Seelengefährtin. Dies impliziert, dass die Menschen, die sich liebend erkennen, zueinander passen und sich mit ihren Eigenschaften, ihren Vorlieben und ihrem Geschmack ähneln oder gut ergänzen. »Während in deinen vorhergehenden Beziehungen Entscheidungen mühsam und von Egokämpfen begleitet waren, gestalten sie sich mit dem Seelenpartner einfach und mühelos. Beide Partner respektieren die Gedanken und Gefühle des anderen, ohne das eigene Erleben zu missachten«, schreibt Paul Ferrini, ein moderner christlicher Mystiker. Ferrini geht davon aus, dass wir der Seelenpartnerin oder dem Seelengefährten erst dann begegnen, wenn wir mit all unseren früheren Beziehungen im Reinen sind. Dieser Prozess kann, wie bereits in einem der früheren Kapitel beschrieben, mithilfe einer Aufstellung und einer Änderung der inneren Haltung auch im Alltag vollzogen werden.

Schon während meiner Weiterbildung zur Familienstellerin hatte ich beobachtet, dass mit dem zukünftigen Partner oder Wunschpartner während einer Aufstellung gearbeitet wird. Gunthard Weber, einer meiner Lehrer, arbeitete häufiger damit. Bei Matthias Varga v. Kibéd und Insa Sparrer hatte ich beobachtet, dass sie Wünsche und die ehrenwerten Hindernisse mit aufstellten. Mit Hindernissen sind im Wesentlichen die unsichtbaren Bindungen gemeint, die uns nicht frei sein lassen. Hindernisse könnten auch Moralvorstellungen oder Lebensweisen der Familie sein, die so binden, dass Menschen keinen eigenen Lebensentwurf entwickeln können. Es könnte sich auch ein Hof, eine alte Verpflichtung oder eine alte Heimat dahinter verbergen. Ich begann gezielter damit zu arbeiten und entsprechende Fragen zu stellen. Heute lasse ich den Wunschpartner in der Regel schon ganz am Anfang aufstellen, um möglichst früh zu sehen, welche Wege zu einem guten Ergebnis führen und welche »Hindernisse« tatsächlich noch im Weg stehen und welche Lösungsbewegungen für eine Begegnung bedeutsam sind. Der Wunschpartner ist in einer Aufstellung ein Gradmesser für den Prozess, aber auch ein wichtiger Hoffnungsträger und kann wie eine hypnotische Verschreibung in die Zukunft wirken.

Aus der systemisch-konstruktivistischen Therapie und Theorie ist bekannt, wie sehr wir mit unseren inneren Bildern unsere Wirklichkeit selbst konstruieren. Einer der bekanntesten Theoretiker ist sicher Paul Watzlawik, der mit seinem Buch *Anleitung zum Unglücklichsein* das Prinzip der Wirksamkeit unserer Konstruktionen von der Welt beschrieben und damit schon viele Menschen nachdenklich gemacht und auch begeistert hat. Je genauer unsere Ideen, Vorstellungen und Empfindungen von einer erwünschten Zukunft sind, desto näher werden wir diesen Wünschen kommen. Das Prinzip Hoffnung ist schon immer eine gute Begleiterin gewesen. Wenn der oder die Seelengefährtin in unserem inneren Bild einen guten Platz bekommt und wir deren Anwesenheit in einer Aufstellung als Körpererfahrung speichern, öffnen sich innere Türen, um diese erwünschte Zukunft auch tatsächlich zu erreichen. Im Alltag passieren solche Prozesse ständig, ohne dass es uns immer bewusst wird. Wir haben einen Wunsch, eine Idee oder sind von einem Vorhaben überzeugt und plötzlich geschehen im Außen Dinge, die genau dazu passen und unsere Sache befördern.

Der Wunschpartner wirkt in einer Aufstellung wie eine sich selbst erfüllende Prophezeiung in die Zukunft.

Wenn wir die von Matthias Varga v. Kibéd und Insa Sparrer so genanten »ehrenwerten Hindernisse«, unsere Verstrickungen und alten Verpflichtungen, erkennen, anschauen und achten, verwandeln sie sich in Kraft spendende Wegbereiter und Ressourcen. Einer Begegnung mit dem Seelengefährten stehen sie nicht mehr im Wege.

Während eines Aufstellungsprozesses wirkt der Wunschpartner oder die zukünftige Seelengefährtin wie ein Seismograph. Aus der ersten Position und den ersten Äußerungen der Stellvertreter können wir schon eine Menge ablesen. Manchmal steht die Wunschpartnerin außerhalb des Stuhlkreises, ich habe auch schon erlebt, dass ein Seelenpartner in eine Ecke gestellt wurde. Von einigen Ratsuchenden werden die Wunschpartner hart angefasst und wie Fremde oder manchmal Feinde an ihren Platz gestellt. Aus diesen ersten Gesten und Bewegungen können wir schon viel ableiten. Meistens sind die Menschen überrascht, wenn ihnen ihr Verhalten und ihr Umgang mit dem Wunschpartner auf so anschauliche Weise gezeigt und mitgeteilt werden.

Folgende Rückmeldungen am Anfang eines Prozesses sind typisch: »Sie schaut mich nicht an, ich bin hier völlig überflüssig«, »Ich habe mit diesem System nichts zu tun und würde gerne heraustreten«, »Ich glaube, ich kann mich hier setzen« oder »Es geht mir nicht gut, wenn er mich so anschaut«.

## Die Befreiung der verinnerlichten Gefährten

Ich erinnere mich an zwei bemerkenswerte Aufstellungen, in denen die Seelengefährten auf eine besondere Weise im System eingebunden waren. Sie fühlten sich zu Beginn wie angewurzelt und waren nicht frei.

Kathrin, eine Mutter von zwei kleinen Kindern, sehnte sich wieder nach einer festen Partnerschaft. Während beider

Schwangerschaften war sie von den Vätern der Kinder verlassen worden. In der Familiengeschichte gab es einige tragische Schicksale, die möglicherweise in einem Zusammenhang mit Kathrins Geschichte standen. Die Mutter der Mutter verstarb an einer Bauchhöhlenschwangerschaft, als diese drei Jahre alt war. Der Vater von Kathrins Mutter starb drei Jahre später, die Kinder wurden von der zweiten Frau des Vaters aufgezogen. Ein schlimmes Schicksal für ein kleines Mädchen und seine Geschwister, mit wahrscheinlichen Auswirkungen auf die Beziehungsgeschichten auch in den nachfolgenden Generationen. Die Dynamik in der Aufstellung aber war eine ganz andere.

Kathrin stellte zunächst sich selbst, den zukünftigen Seelenpartner und dann die Eltern auf. Interessant war, dass der Wunschpartner zwischen Kathrin und ihrem Vater stand und sich wie angewurzelt und unfrei fühlte. Die Unfreiheit schien vom Vater auszugehen. Ich war sehr erstaunt, ein solches Bild hatte ich noch nicht gesehen. Welche Rolle konnte der Vater spielen? Kathrin lachte plötzlich auf und sagte: »Mein Vater sagte immer, du suchst dir einen guten Elektriker als Schwiegersohn. Ich weiß noch, wie traurig mich das machte. Mein Vater war Elektromeister und hatte ein Geschäft.«

Kathrin war das einzige Kind, der Vater hatte sich noch einen Sohn gewünscht. Ich stellte den Wunschsohn neben den Vater. Der Vater wurde traurig, Kathrins Mutter stellte sich neben ihn, sie war erleichtert darüber, dass das eigentliche Thema nun sichtbar wurde. Nun konnte Kathrin selbst ins Bild kommen und sich in der Begegnung mit dem Vater von seinen Wunschvorstellungen lösen: »Lieber Vater, ich sehe und achte deinen Wunsch nach einem männlichen Nachfolger und kann ihn dir nicht erfüllen.«

Mit dem Wunschsohn an der Seite konnte der Vater sie freigeben und auf den Seelenpartner ihrer Wahl zugehen lassen. Der zukünftige Seelengefährte, der abseits wartete, fühlte sich nun frei von der Haltung und den Wünschen des Vaters. Wenn wir diese Aufstellung als das innere Seelenbild Kathrins ansehen, wird deutlich, wie sehr ihre Partnerwahl zwischen den eigenen und den Wünschen des Vaters stand. Die Position des Seelengefährten und die Äußerungen seines Stellvertreters hatten die Dynamik deutlich gemacht. Im Grunde ihres Herzens führte dieser unbewusste Prozess in ihrem Leben dazu, dass Kathrin loyal bleiben konnte, wenn die Männer wieder gingen. Die Erfüllung des Herzenswunsches von Kathrin und ihrem Vater wurde immer wieder in die Zukunft projiziert. Kathrin stellte ihr Anliegen kurz vor Drucklegung dieses Buches auf. Ich bin gespannt, wie ihre Geschichte weitergeht.

Werden die Hindernisse angeschaut und verwandelt, wird die reale Begegnung mit dem Seelenpartner möglich.

Direkt im Anschluss meldete sich Luisa. Sie beklagte, dass ihre Partnerschaften sich immer wieder in Dreierkonstellationen verwandelten. Kaum habe sie einen Freund, sei schon wieder eine zweite Frau als zusätzliche Geliebte ihres Partners mit im System. So sei es auch bei ihrem jetzigen Freund, den sie erst vor wenigen Wochen kennen gelernt habe. Dieser hatte noch eine zweite Freundin. Luisa ist achtunddreißig Jahre alt und sehr unglücklich über das sich wiederholende Muster.

Aus ihren weiteren Erzählungen erfuhren wir, dass die Liebesgeschichte der Eltern mit der ersten Frau des Vaters untrennbar verknüpft war. Die erste Frau des Vaters war unfruchtbar und erkrankte an Krebs. Noch während der Ehe und vor ihrem Tod bekam Luisas Mutter ihr erstes Kind von dem noch gebundenen Mann. Der Vater und seine Frau baten die leibliche Mutter darum, das Kind adoptieren zu dürfen. Diese lehnte ab. Daraufhin entschied sich der Vater für seine Freundin und das Kind und zog zu ihnen, kurz darauf verstarb die erste Frau. Luisa kam als drittes Kind und einziges Mädchen ihrer Eltern auf die Welt.

Luisa stellte ihren Wunschpartner, die Eltern, die erste Frau des Vaters und sich selbst auf. Der zukünftige Mann stand ganz nah vor Luisa. Auf der einen Seite des Paares stand der Vater, auf der anderen Seite die Mutter. Die erste Frau des Vaters stand etwas weiter weg, war aber sehr auf den Seelengefährten konzentriert. Es war für alle im Raum spürbar, wie sehr Luisa mit ihrem Partner oder Partnern im Feld zwischen den Eltern stand, so als würde sie dort etwas tragen oder etwas zu lösen versuchen. Ich stellte den Seelengefährten heraus aus dem Feld, was dieser sofort als große Erleichterung beschrieb, und setzte die Aufstellung mit den entsprechenden Gegenüberstellungen und Lösungssätzen fort. Am wichtigsten war es, die erste Frau zu sehen und ihr schwereres Schicksal zu achten, sie fühlte sich unsichtbar und wie nicht vorhanden im System, einzig zu Luisa und ihrem Wunschpartner spürte sie eine Verbindung und ein großes Interesse. Nachdem sowohl der Vater als auch die Mutter von Luisa sie als erste Frau würdigten und anerkannten, konnte die Mutter gut beim Vater stehen und die erste Frau für alle im System sichtbar in der Nähe des Elternpaares.

Für Luisa war die Gegenüberstellung sehr wichtig und bewegend. Sie wurde sehr traurig, als sie die Frau anschaute und ihre bedeutsame Rolle im System erkannte. Diese erste Frau hatte kurz vor ihrem Tod ihren Mann verloren und damit Platz gemacht für die neue Familie. Die beiden Frauen umarmten sich weinend. Daraufhin ließ ich Luisa ein kleines Rückgaberitual vollziehen: In Form einer schweren Tasche gab sie zurück, was sie in ihrem Leben und in ihren Partnerschaften für die verlassene und kranke Frau unbewusst getragen hatte. Kurz darauf riss die Stellvertreterin von Luisas Mutter der ersten Frau die Tasche aus der Hand und rief: »Es ist auch mein Schicksal.« Hier kann vermutet werden, dass die Mutter von Luisa große Schuldgefühle hatte und nie richtig glücklich und frei neben ihrem Mann stehen konnte.

Luisa drehte sich nach einer Weile um, um sich dem zukünftigen Partner zu widmen. Sie hoffte und wünschte sich, dass es ihr jetziger Freund sei. Ich stellte neben den Partner noch einen weiteren zur Auswahl. Das fühlte sich plausibel an und der neue Mann war sehr an ihr interessiert. Für Luisa war es überraschend zu sehen, dass sie überhaupt eine Wahl haben könnte.

Es ist gut, eine Wahl zu haben, wenn wir eine wirklich gute Wahl treffen wollen.

In der Regel bitte ich die Wunschpartner, sich ihren Bewegungen während einer Aufstellung zu überlassen. Manchmal bitte ich sie auch, sich wieder hinzusetzen und den Prozess von außen spürend zu verfolgen.

Sind die wesentlichen »Hindernisse« und Bindungen angeschaut, bemerken die Seelengefährten sehr deutlich den Unterschied. Manchmal berichten sie sogar von erotischen Gefühlen, oder eine Ausgelassenheit oder Lebensfreude, die zuvor nicht spürbar war, darf auf einmal gefühlt werden. Wenn wir davon ausgehen, dass wir im Seelengefährten immer auch uns selbst begegnen, ist der Wunschpartner in einer Aufstellung auch ein Gradmesser für unsere innersten Empfindungen. Wenn die Wunschpartnerin Schmetterlinge im Bauch fühlt oder ein warmes, wohliges Gefühl im Körper verspürt, sind das wertvolle Hinweise auf unsere eigenen inneren Teile, die sich entfalten möchten: unsere Lust, unsere Erotik, unsere Liebesfähigkeit oder unser Bedürfnis nach Zärtlichkeit.

## Wenn die Begegnung noch nicht möglich ist

Nach einem bewegenden Prozess, beispielsweise einer Ablösung von den Eltern oder von früheren Partnern, der noch einiges an Schmerzen aufwühlen kann, spüren die Stellvertreter der zukünftigen Partner sehr deutlich, ob eine Begegnung jetzt schon möglich ist oder ob es noch Zeit braucht. Manchmal lasse ich, um den Faktor Zeit mit hineinzunehmen, die Ratsuchenden mit einem kleinen Rucksack durch den Raum spazieren, wie um deutlich zu machen: Ich gehe noch ein Stück meinen Weg alleine, dann komme ich zu dir. Das wird in der Regel als sehr befreiend erlebt, auch von der Seelengefährtin. Manchmal ist das Verlangen groß, sich schnell neben den Seelengefährten oder die Wunschpartnerin zu stellen. Es kann passieren, dass dabei eine innere Grenze überschritten wird und es sich tatsächlich nicht mehr gut anfühlt. Das kann in der Folge eines Seminars dazu führen, dass die betroffenen Ratsuchenden den Prozess abwerten und nach Mängeln an sich selbst oder der Aufstellungsleiterin suchen. Dahinter steckt vielleicht nur eine Musterwiederholung: Es wird nicht wirklich eine gute Wahl getroffen, sondern schnell die Erstbeste, der Erstbeste genommen. Dann ist die Wahrscheinlichkeit hoch, dass der neue Partner oder die Traumfrau gar nicht wirklich passt. Ich habe gute Erfahrungen damit gemacht, darauf hinzuweisen, dass es immer gut ist, die Wahl zu haben, um eine wirklich gute Wahl zu treffen.

In Einzelaufstellungen hole ich deshalb mithilfe der Bodenkarten eine Auswahl möglicher Partner oder Partnerinnen mit ins Feld. Beim ersten Mal war ich erstaunt, wie wohltuend das sowohl von den Ratsuchenden als auch von den Stellvertretern der möglichen Gefährten oder aus deren Position heraus erlebt wurde.

Ruth war Ende vierzig, als sie zu mir in die Praxis kam. Sie hatte eine Freundin zur Unterstützung mitgebracht. Ruth berichtete, dass sie nach einer zwanzigjährigen Ehe und der Trennung von ihrem Mann schon einige Jahre alleine sei und sich wieder einen Partner wünsche. Unser Termin hatte sich hinausgezögert, weil sie nicht sicher war, ob sich der finanzielle Einsatz auch lohnte. Sie entschied schließlich zu kommen.

Sie stellte sich selbst, ihren Exmann, eine erste frühe Liebe und den zukünftigen Wunschpartner mithilfe von Bodenkarten im Raum auf. Es kam zu bewegenden inneren Begegnungen und Abschieden von den früheren Partnern. Der Seelengefährte aber war zu diesem Zeitpunkt des Prozesses noch nicht bereit und sagte: »Ich kann dich nicht sehen.« Ich nehme solche Hinweise sehr ernst und fragte weiter nach schlimmen Geschehnissen in der Herkunftsfamilie. Möglicherweise gab es noch ein Thema, das die innere freie Sicht versperrte. Ruth erinnerte sich an Erzählungen von einem tot geborenen Bruder. Das war noch vor ihrer Geburt. Wir stellten die Eltern und den toten Bruder zwischen die beiden. Ruth stellte sich davor und war sehr traurig. Sie stellte sich in die Positionen der Eltern und erspürte deren Verlust, die Sehnsucht und Trauer nach dem verlorenen Sohn. Es war sehr bewegend. Am Ende der Gegenüberstellung sagte sie zu ihrem Vater: »Ich kann dir den Sohn nicht ersetzen, ich bin deine Tochter, eine Frau.« Nach diesen Sätzen wurde sie ganz ruhig und konnte sich kurz darauf auch wieder ihrem Thema und dem zukünftigen Partner widmen. Ein gegenseitiges Erkennen war nun möglich.

Männer wie Frauen haben die Tendenz, sich zu schnell in eine Partnerschaft zu begeben, so, als hätten sie keine Wahl und müssten beim ersten verfügbaren Liebesobjekt gleich zuschlagen. Die Angst vor dem Alleinsein ist so groß, dass wir auch

Menschen, die nicht zu uns passen, als Partner ins Auge fassen. Die Tendenz, dass sich in solchen Beziehungen ungesunde Abhängigkeitsmuster etablieren, ist groß. Die Abhängigkeit von einem bestimmten Menschen kann dabei lange Zeit wie Liebe oder Verliebtheit gefühlt werden. Die Neigung, den anderen verändern und passend machen zu wollen, ist in solchen Beziehungen sehr ausgeprägt. Wenn nur der andere dies oder jenes tun oder unterlassen würde, dann wäre alles in Ordnung. Solche Sätze und Projektionen verschließen den Blick für die Wahrheit, dass der Partner nicht der Richtige ist.

Wollen wir den Partner verändern, verschließen wir uns vielleicht vor der Wahrheit, dass er nicht wirklich zu uns passt.

Steve Biddulph rät Männern, die gerade aus einer Partnerschaft kommen, erst einmal »in die Wüste« zu gehen und sich auf sich selbst zu besinnen, statt in die nächste Partnerschaft hineinzurasen. Wenn wir abhängig und bedürftig sind, schauen wir nicht so genau hin. Es ist aber immer besser, eine Wahl zu haben. Diese Überlegungen inspirierten mich, mit der Aufstellung mehrerer möglicher Partner zu experimentieren.

Ich schlug Ruth vor, sich auf ein kleines Experiment einzulassen. Im letzten Teil der Aufstellung legte ich in die Nähe des Wunschpartners mehrere Karten, die weitere mögliche Partner repräsentierten. Sie war aus der eigenen Position heraus sehr erfreut über die Erweiterung ihrer Wahlmöglichkeiten. Aber auch die Freundin, die den Seelengefährten vertrat, spürte einen deutlichen Unterschied. Aus der Position des Seelengefährten heraus freute sie sich, erwählt zu werden. Ich weiß noch, dass Ruth überglücklich meine Praxis verließ.

Zwei Wochen später traf sie den Mann ihrer Träume, mit dem sie heute noch glücklich ist. Die gemeinsame Arbeit in meiner Praxis hatte ihre innere Bereitschaft erhöht, tatsächlich dem Seelengefährten zu begegnen. Wenn ich mich an das Ritual erinnere, bin ich überzeugt, dass neben den guten Lösungen und Bewegungen in der Aufstellung auch die virtuelle Anwesenheit des zukünftigen Gefährten und seiner Gesellen eine in die Zukunft hineingreifende Wirkung hatte. Die freudige Überzeugung, dass der Seelengefährte ja schon lebt, wo auch immer, kann die innere Bereitschaft erzeugen oder erhöhen, diesem Menschen tatsächlich zu begegnen. Da ich immer ein wenig davon ausgehe, dass die Figuren in einer Aufstellung auch eigene innere Figuren sind, impliziert das Erkanntwerden durch den Seelengefährten immer auch eigenes Erkennen. Ruth konnte frei, gelöst und wahrscheinlich auch sehr freundlich in die Zukunft und auf die Männer schauen. Sie hatte aber auch, so erzählte sie mir, die Wochen nach der Aufstellung genutzt, um sich mit kleinen Kerzen und Ritualen noch einmal mit dem Schmerz der Eltern und der eigenen Trauer um den toten Bruder zu verbinden.

## Wenn Paare wieder zusammenkommen

Es gibt auch Paare, die nach Jahren der Trennung wieder zusammenkommen. Die erste Frau entpuppt sich als die Seelengefährtin, der alte Partner verwandelt sich in den Mann der Träume. In der Zwischenzeit haben sie Menschen kennen gelernt, die sie liebten, mit denen sie leben wollten, die sie vielleicht geheiratet haben. Aber es ging nicht, es passte nur für eine beschränkte Zeit. Von außen könnten wir fragen: Warum haben sie diesen Umweg gemacht? Warum ist sie oder er überhaupt weggegangen? Diese Fragen vergessen, dass erst das Geschehene, die in der Trennung gemachten Erfahrungen, dauerhafte Liebe möglich machten. Persönliche Veränderung und Weiterentwicklung waren die Früchte des gegangenen Weges. Wären diese Paare zusammengeblieben, wäre ein wichtiger Schritt in der Entwicklung nicht möglich gewesen. Wenn ein solches Paar wieder zusammenkommt, sind die beiden Partner nicht mehr dieselben. Dann war alles, was in der Zwischenzeit passierte, richtig und wichtig für die neue alte Liebe.

Deswegen scheue ich mich, in Trennungssituationen wohlmeinende Ratschläge zu erteilen. Vielleicht ist das Richtige vor allem, den Träumen zu folgen und wenn nötig genussvoll »das Falsche« zu tun, um sich mit jeder Begegnung neu der echten Liebe und dem Seelengefährten zu nähern.

So war es sicher auch bei Marie und Hermann. Ich bat sie darum, mir ihre Geschichte zu erzählen. Marie und Hermann trennten sich nach zwölf Jahren. Er hatte während der Partnerschaft immer wieder Affären gehabt, in den letzten Jahren ihres Zusammenseins traf er sich immer wieder mit einer bestimmten Frau, mit der er schließlich leben wollte. Diese Affäre war auf Dauer für Marie unzumutbar gewesen. Hermann entschied sich für die ferne Liebe, er versuchte mit der früheren Geliebten ein gemeinsames Leben. Vier Jahre gingen Hermann und Marie ihren eigenen Weg, ehe sie wieder zusammenkamen. Marie hatte zwei Liebschaften in dieser Zeit, fühlte aber immer noch eine große Anziehung, wenn sie Hermann bei Freunden oder in der Stadt sah.

Ich lasse Hermann und Marie selbst erzählen.

Herrmann: »Die Erfahrungen haben uns enorm weitergebracht. Ich habe gelernt, dass es mehr auf mich als auf den Partner ankommt, wenn es mir gut oder schlecht geht. Vielleicht wusste ich das auch schon vorher, aber ich habe es nicht so gefühlt. Später war ich dann vom Leben mit der Geliebten sehr ernüchtert und trennte mich wieder. Mehrere Monate danach sind Marie und ich wieder zusammengekommen. Es stellte sich schon sehr bald heraus, wie viel sich verändert hatte. Eine ganz neue Liebe war möglich. Ich spüre heute eine große Gelassenheit. Marie ist häufig angespannt, wenn sie von der Arbeit kommt. Früher habe ich gefragt: Warum bist du nicht lustig? Heute kann ich sie sitzen lassen und muss es nicht mehr auf mich beziehen. Früher dachte ich, es ist gegen mich gerichtet. Heute gibt es keine vergiftete Stimmung mehr, weil ich sie gerne anders hätte. Ich gehe dann ins Kino oder lese, es geht ohne Ärger und lästige Diskussionen. Das macht wesentlich mehr Spaß als vorher. Heute habe ich auch keine Angst mehr, dass sie weglaufen könnte, wenn ich mal mit den Türen knalle. Ich weiß, dass uns das nicht wirklich trennen kann. Ich bringe ihr oft rote Rosen zur Arbeit, sie freut sich dann sehr und ich freue mich, wenn sie sich freut. Das ist schön. Früher habe ich das nie gemacht. Ich mache heute Sachen, die junge Verliebte machen. Ich mache es nur für die gemeinsame Freude. Das gehört mittlerweile zum Alltag.«

Marie: »Wir haben viel voneinander abhängig gemacht, was unsere Stimmung anbetrifft. Wir haben viel zu viel erwartet. Das ist jetzt zu Ende. Ich hatte nach den vier Jahren viel stärker das Gefühl, selbstständig, selbstwertiger, viel selbstbewusster zu sein. So kann ich Hermann ganz anders gegenübertreten und eine ganz andere Beziehung mit ihm führen. Früher war ich viel abhängiger. Er musste viel mehr tun, damit es mir gut ging. Wenn er das nicht tat, war es sehr schwierig mit uns. Heute sehe ich uns als eine erwachsene Beziehung. Eine ganz wichtige Voraussetzung dafür ist, dass ich heute gut mit mir alleine sein kann. Wenn Hermann sich mal von mir entfernen möchte, z.B. eine Woche mit dem Motorrad wegfahren, dann ist das in Ordnung, ohne jede Diskussion. Früher war das schrecklich, wenn er Feiertage für längere Ausflüge mit Freunden nutzte. Heute unterstütze ich das.

Die Trennungsjahre waren für mich sehr schmerzhaft, aber ich möchte keinen Tag davon wieder hergeben, weil sie mich nach vorne gebracht haben. Ich habe erfahren, dass ich keine Angst mehr haben muss, verlassen zu sein oder ohne Partnerschaft in ein Loch zu fallen. Ich kann gut mit mir sein und meinen Alltag alleine gestalten. Das habe ich in der Zwischenzeit gelernt.«

Hermann: »Wir sind beide sehr sicher, dass wir ohne Trennung nie so weit gekommen wären. Auch ich habe viel dazugelernt. Ich bin sicher, es wäre schief gegangen, wenn wir zusammengeblieben wären. Ich hätte weiter mit meinen Affären gelebt, sie wäre weiter unzufrieden gewesen, hätte mir Szenen gemacht, ich hätte weiter gelogen. Es war furchtbar. Heute kann uns das nicht mehr passieren. Ich kann es nur so zusammenfassen: Für uns war es ein Glück, dass wir dieses Unglück hatten und es nicht weiterging.

Manchmal müssen wir erst die eigene Entwicklung vervollständigen und das Glück macht einen weiten Umweg.

Mir war erst nach der Wiederbegegnung klar, dass ich mit Marie alt werden möchte. Ich machte ihr einen romantischen Heiratsantrag, mit roten Rosen, und sie hat Ja gesagt. So einfach war das plötzlich, ohne dass wir viel darüber reden mussten.«

Als ich sie bat, die Qualität ihrer Liebe zu beschreiben, antworten sie fast einstimmig.

Marie: »Ich spüre eine große Freude in mir, wenn ich Hermann nach einem langen Arbeitstag oder nach einem getrennten Urlaub wiedersehe. Wir freuen uns auf die gemeinsamen Gespräche, manchmal sitzen wir stundenlang nach dem Essen in der Küche und reden miteinander. Das ist einfach sehr schön. Oder auf der Arbeit bin ich manchmal überwältigt, wenn ich an ihn denke, und muss dann schnell eine E-Mail schreiben oder ich rufe ihn kurz an.«

Hermann: »Bei mir ist es auch die Freude über sie. Wenn ich sie in der Stadt sehe z.B. in der Mittagspause, dann freue ich mich, ich weiß nicht, wie ich es beschreiben soll. Es ist etwas ganz Besonderes, eine besondere Freude, die ich nur bei ihr verspüre.«

Marie und Hermann sind sich sehr bewusst, dass sie ihren gemeinsamen Weg nur über den schmerzhaften Umweg finden konnten. Beide mussten noch einige Schritte außerhalb der Beziehung gehen und eine eigene Entwicklung durchmachen, ehe sie sich wirklich annehmen konnten. Marie war früher sehr eifersüchtig und ihr Mann bestätigte sie natürlich auch darin. Ein richtig gutes Gefühl für sich selbst konnte oder musste sie in der Beziehungspause entwickeln. Natürlich wissen wir nie, wie eine Trennung ausgehen wird, aber nur aus Angst zu bleiben, kann uns vom Wesentlichen entfernen. Wenn wir unsere Herzenswünsche nicht ernst nehmen und zu lange in Lebenssituationen und Beziehungen bleiben, die wir nicht vertragen, werden wir auf Dauer krank. Wenn wir dem Lebensgefährten begegnen wollen, egal ob er uns in der Gestalt eines Bekannten oder Unbekannten gegenübertritt, sollten wir vor allem authentisch bleiben und keine falschen Kompromisse eingehen. Sonst könnten wir knapp daran vorbeilaufen. Dafür brauchen wir Geduld und die Bereitschaft, alles zu nehmen, auch den Schmerz und die Einsamkeit. Am besten wir nehmen das Leben so, wie es sich gerade zeigt.

Manchmal müssen wir viel Geduld aufbringen und Phasen des Zweifels überwinden, in denen wir überzeugt sind, dass es einen neuen Sommer nicht geben wird. Aber wie Rainer Maria Rilke schon sagte: Er kommt doch.

Wenn wir dem Seelengefährten begegnen, kann die Vorgeschichte so spannend wie ein Roman sein. Sarah war mehr als zehn Jahre alleine, ehe sie ihm begegnete oder sagen wir besser wieder begegnete. Vor Jahren hatte sie sich nach der Trennung von ihrem ersten Mann in einen Mann verliebt, der noch gebunden war.

»Das ist der Mann, mit dem ich leben möchte«, war einer der ersten Sätze, die sie nach ersten Begegnungen in sich verspürte. Jahre vergingen, ehe sie wieder Kontakt aufnahm. Wieder war er nicht frei. Sie machte bei mir mehrere Einzelaufstellungen zu beruflichen Themen, bis wir schließlich auch das Thema Partnerschaft berührten. Im Verlaufe dieser Einzelsitzung wurde deutlich, dass der Platz an ihrer Seite nicht frei war. Nun gab es mehrere Hypothesen. Es konnte der Vater sein, der früh verstorben war und nach dem sie sich noch sehnte. Es konnte aber auch dieser Mann sein, den sie als einen möglichen Seelengefährten bereits erkannt hatte. Wir machten ein kleines Ritual, um den Menschen, der den Platz an ihrer Seite besetzt hielt, zu verabschieden. Eine Fortsetzung dieses Rituals in der Realität sollte folgen. Sarah folgte ihrer Intuition und suchte nach Anschrift und Telefonnummer des Mannes, in den sie sich vor mehr als zehn Jahren verliebt hatte. Sie nahm an, dass er der Mann war, der die Stelle an ihrer Seite immer noch besetzt hielt. Sie wollte die alte und unerfüllt gebliebene Liebesgeschichte nun auch im Leben endlich beenden. Doch dann kam alles ganz anders. Er hatte sich wenige Monate zuvor von seiner Lebensgefährtin getrennt, war also wieder frei und sie verliebten sich neu ineinander. Die Verliebtheit wandelte sich in Liebe und in den Wunsch nach einer dauerhaften Bindung und schließlich gemeinsamen Hochzeit. Sarah hat ihren Seelengefährten gefunden, mit dem sie leben und alt werden möchte.

Letztendlich wissen wir nie, wie alles zusammenhängt. Für Sarah aber war es eine tiefe Wahrheit, dass sie den Mann ihrer Träume erst verabschieden musste, ehe sie ihm wieder begegnen konnte. Und es war jetzt der richtige Zeitpunkt, um zusammenzukommen.

Eine gute Wirkung hatte sicher auch die Familienaufstellung, die Sarah etwa zum gleichen Zeitpunkt machte. Dort hatte sie sich von den vielen Toten und zu früh Verstorbenen in ihrer Familie, vor allem von Mutter und Vater verabschiedet und sich mit ihren beiden gerade erwachsenen Kindern auf die Seite des Lebens gestellt.

Ein wunderbares Happy End! Das Leben schreibt solche und andere schöne Geschichten!

## *Verbindung aufnehmen mit dem Seelengefährten und der Seelenpartnerin*

- Wir spüren sehr genau, ob wir einen Menschen richtig lieben oder nur haben wollen. Tief in unserem Inneren wissen wir, was wir uns tatsächlich von einem Partner wünschen.
- Denken Sie noch einmal zurück an Ihre früheren Lieben, vielleicht gab es auch da schon Menschen, die Ihr Herz geöffnet haben und das Beste in Ihnen wecken durften. Wie fühlte sich das an?
- Manchmal gab es einen ersten Satz oder ein erstes Bild in unserer Seele, welche das Wissen um unsere Liebe ausdrückte. Erinnern Sie sich daran.
- Was war es, was Sie am meisten mochten? Welche Qualität hatte die Liebe, die Sie verband? Packen Sie die Essenz dieser Liebe und Erfahrung in ein Symbol, dies kann z.B. ein schöner Stein sein. Nehmen Sie ihn in Gedanken mit in die Jetztzeit.
- Spüren Sie nach, woran Sie Ihre eigene Liebe erkennen. Wie fühlt sich Ihre Liebe für einen anderen Menschen an?
- Woran erkennen Sie Ihren Seelengefährten? Entwickeln Sie Prüfkriterien. Es wird vieles geben, was Sie nicht wiederholen wollen, auch wenn die Versuchung gerne in den Mantel großer Verliebtheit eingehüllt ist. Wenn Sie ehrlich sein können, wissen Sie vielleicht schon jetzt, auf was Sie besser nicht wieder hereinfallen wollen.

- Ich möchte Sie einladen, sich den Seelengefährten oder die Seelenpartnerin genauer vorzustellen. Wahrscheinlich wissen Sie sehr genau und auch im richtigen Moment, welche Menschen Ihnen wirklich gut tun. Entwerfen Sie ein genaues Bild von Eigenschaften, die Sie bei anderen schätzen und mögen. Entwerfen Sie eine mögliche Vision, die Sie mit dem Seelengefährten verbinden könnte.
- Nun stellen Sie sich eine Zeitschnur in die Zukunft vor. Wie viel Zeit geben Sie diesem neuen Menschen, in Ihr Leben zu treten? Spüren Sie Ihre Ungeduld und akzeptieren Sie das Drängen in Ihnen, unmerklich wird sich die dahinter liegende Angst in Vertrauen verwandeln. Und vielleicht bekommen Sie ein Gespür für die Zeit, die Sie tief innerlich haben, um sich aus vollem Herzen neu zu verbinden.

## Verwendete Literatur


Abrams, Jeremiah (Hrsg): *Die Befreiung des inneren Kindes.* Bern/München/Wien: Scherz Verlag 1993

Biddulph, Steve: *Männer auf der Suche.* München: Beust Verlag 2001

Boszormenyi-Nagy, Ivan und Spark, Geraldine M.: *Unsichtbare Bindungen.* Stuttgart: Klett-Kotta 1995

Coelho, Paulo: *Der Alchimist.* Zürich: Diogenes 1996

Coelho, Paulo: *Auf dem Jakobsweg.* Zürich: Diogenes 1999

Ferrini, Paul: *Stille im Herzen.* Braunschweig: Aurum Verlag 2000

Fromm, Erich: *Die Kunst des Liebens.* München: Wilhelm Heyne Verlag 2002

Fromm, Erich: *Haben oder Sein.* München: Deutscher Taschenbuch Verlag 2001

Gibran, Khalil: *Wenn die Liebe dir winkt, folge ihr.* Düsseldorf/Zürich: Walter Verlag 2000

Hellinger, Bert und ten Hövel, Gabriele: *Anerkennen, was ist.* München: Kösel-Verlag 1996

Hellinger, Bert: *Ordnungen der Liebe.* Heidelberg: Carl-Auer- Systeme Verlag 1994

Horsch, Evelyn: *Das Wunder der Liebe.* München: Erd Verlag 2003

Jung, C.G.: »Zur Psychologie des Kindarchetypus«. In: *Gesammelte Werke,* Bd. 9/1. Freiburg: Walter-Verlag 1989

Kast, Verena: *Vater-Töchter, Mutter-Söhne.* Stuttgart/Zürich: Kreuz Verlag 1994

Kast, Verena: *Sich einlassen und loslassen.* Freiburg im Breisgau: Herder 1994

Kast, Verena: *Trotz allem ich.* Freiburg: Herder 2003

Koch, Birgit Theresa: *Diese Kraft in mir.* Frankfurt: Eichborn 2000

Loh, Marion: *Begegnung mit dem inneren Kind.* Aus der Meditationsreihe: Wege des Herzens. M. Loh, Dorfstr. 34a, 24358 Bistensee

Mindell, Arnold: *Den Pfad des Herzens gehen.* Petersberg: Verlag Via Nova 1996

Mindell, Arnold: *Der Leib und die Träume.* Paderborn: Junfermann Verlag 1987

Mindell, Arnold: *Traumkörper in Beziehungen.* Basel: Sphinx Verlag 1994

Onken, Julia: *Vatermänner.* München: C. H. Beck'sche Verlagsbuchhandlung 1993

Schützenberger, Ann-Ancelin: *Oh, meine Ahnen!* Heidelberg: Carl-Auer-Systeme Verlag 2001

Shalev, Zeruya: *Liebesleben.* Berlin: Berlin Verlag 2000

Varga v. Kibéd, Matthias und Sparrer, Insa: *Ganz im Gegenteil.* Heidelberg: Carl-Auer-Systeme Verlag 2001

Watzlawik, Paul: *Anleitung zum Unglücklichsein.* München: Piper Verlag 1983

Weber, Gunthard (Hrsg.): *Zweierlei Glück.* Heidelberg: Carl-Auer-Systeme Verlag 1997

Wilson Schaef, Anne: *Die Flucht vor der Nähe.* München: Deutscher Taschenbuch Verlag 2002

## Seminare und Herzenswunschaufstellungen mit der Autorin

Seminare, Einzelaufstellungen, Paartherapie und systemische Beratung mit Birgit Theresa Koch

Dipl.-Psych.
Birgit Theresa Koch
Bergstraße 29
24340 Eckernförde

Telefon 04351/879 33-6
Fax 04351/879 33-8

www.fam-sys.de
info@fam-sys.de

Seminare mit der Autorin im Ruhrgebiet

Institut für Autogenes Training und Gruppenarbeit
IAG Bochum
Herner Straße 88
44791 Bochum
Telefon 0234/68 22 62
www.iag-bochum.de
iag@online.de

Herzenswunsch-Seminare im Osterberg-Institut der Karl-Kübel-Stiftung am Dieksee bei Plön

Osterberg-Institut
Am Hang
24306 Niederkleveez
Telefon 04523/992 90
www.osterberginstitut.de
info@osterberginstitut.de

# Sinnliches Selbstcoaching

Christine Weiner / Gundl Kutschera
**Wer schön sein will, muss sich lieben**
Sinnliches Selbstcoaching für Frauen
208 Seiten. Kartoniert
ISBN 3-466-30584-5

Welche Frau kennt das nicht: An einem Tag fühlen wir uns wohl, attraktiv und begehrenswert, am nächsten hadern wir mit unserer Figur, unseren Haaren, unseren Falten. Alle anderen Frauen sind dann schöner, schlanker, beliebter! Diesen Selbstzweifeln liegen oft frühe Verletzungen in Kindheit und Pubertät zugrunde. Die Übungen dieses Buches helfen, alte Muster und Gedanken aufzulösen und verleihen der Frau in uns neuen Glanz.

KÖSEL

*Kompetent & lebendig.*
PSYCHOLOGIE & LEBENSHILFE

Kösel-Verlag, München, e-mail: info@koesel.de
**Besuchen Sie uns im Internet: www.koesel.de**

# *Was bestimmt die Dynamik in Partnerschaften?*

Peter Orban
**Die Kraft, die in der Liebe wirkt**
Verstrickungen in Partnerschaften und ihre Lösung
ca. 256 Seiten. Gebunden
ISBN 3-466-30583-7

Viele Menschen fragen sich, warum sie in Partnerschaften immer wieder an die »Falschen« geraten, warum scheinbar alle anderen in glücklichen Beziehungen leben, nur sie selbst nicht, ja warum es generell nicht klappen will mit der Liebe.
Der Schlüssel hierzu liegt oft in der Vergangenheit. Es gibt Partnerschaften, in denen frühere Beziehungen noch nicht verarbeitet sind oder in denen ein Partner mit dem gegengeschlechtlichen Elternteil oder einem anderen, vielleicht längst verstorbenen Verwandten eng verbunden ist.
Peter Orban zeigt die möglichen Verstrickungen in diesen Partnerschaftsformen sowie Wege, wie sie gelöst werden können.

KÖSEL

*Kompetent & lebendig.*
PSYCHOLOGIE & LEBENSHILFE

Kösel-Verlag, München, e-mail: info@koesel.de
**Besuchen Sie uns im Internet: www.koesel.de**